U0134842

# 貓頭鷹書房

有些書套著嚴肅的學術外衣，但內容平易近人，非常好讀；有些書討論近乎冷僻的主題，其實意蘊深遠，充滿閱讀的樂趣；還有些書大家時時掛在嘴邊，但我們卻從未看過……

如果沒有人推薦、提醒、出版，這些散發著智慧光芒的傑作，就會在我們的生命中錯失——因此我們有了**貓頭鷹書房**，作為這些書安身立命的家，也作為我們智性活動的主題樂園。

貓頭鷹書房——智者在此垂釣

貓頭鷹書房 56

# 聖經與古蘭經

## 認識猶太教、基督宗教與伊斯蘭教的第一本書

# La Bible et Le Coran

塞日・拉菲特（Serge Lafitte）◎著

孫千淨◎譯

貓頭鷹

貓頭鷹書房 56　ISBN 978-986-262-323-7

聖經與古蘭經：認識猶太教、基督宗教與伊斯蘭教的第一本書

作　　者　塞日・拉菲特（Serge Lafitte）
譯　　者　孫千淨
選書責編　張瑞芳
協力編輯　曾時君
校　　對　魏秋綢
版面構成　張靜怡
封面設計　陳文德
總 編 輯　謝宜英
行銷主任　林智萱
行銷業務　張庭華
出 版 者　貓頭鷹出版
發 行 人　凃玉雲
發　　行　英屬蓋曼群島商家庭傳媒股份有限公司城邦分公司
104 台北市中山區民生東路二段 141 號 11 樓
畫撥帳號：19863813；戶名：書虫股份有限公司
城邦讀書花園：www.cite.com.tw　購書服務信箱：service@readingclub.com.tw
24 小時傳真專線：02-2500-1990；2500-1991
香港發行所　城邦（香港）出版集團／電話：852-2508-6231 ／傳真：852-2578-9337
馬新發行所　城邦（馬新）出版集團／電話：603-9057-8822 ／傳真：603-9057-6622
印 製 廠　漾格科技股份有限公司
初　　版　2017 年 3 月

**定　　價　新台幣 350 元／港幣 117 元**



讀者服務信箱　owl@cph.com.tw
貓頭鷹知識網　http://www.owls.tw
【大量團購，請洽專線】02-2500-1919

城邦讀書花園
www.cite.com.tw

國家圖書館出版品預行編目資料

聖經與古蘭經：認識猶太教、基督宗教與伊斯蘭教的第一本書／塞日・拉菲特（Serge Lafitte）著；孫千淨譯. -- 一版. -- 臺北市：貓頭鷹出版：家庭傳媒城邦分公司發行, 2017.03
面；　公分. --（貓頭鷹書房；56）
譯自：La Bible et Le Coran
ISBN 978-986-262-323-7（平裝）

1. 聖經　2. 可蘭經

241　106002002

# 凡例

・為便於分別，狹義基督教以新教稱之，書裡的基督宗教指的是廣義的基督教，包含天主教、新教及東正教。

・所有《聖經》人物都以最為人熟悉的名稱稱之，一般來說，就是新教的稱法，但於書末索引處加上其他宗教的稱謂。至於，《古蘭經》中的人物名稱，與《聖經》中重複者，則以新教稱謂為主，輔以伊斯蘭教稱謂，如：耶穌（爾撒），以供讀者辨識。

・因普及度及統一性之緣故，基督宗教《聖經》的翻譯，大體採用新教的和合本譯本。經書書名翻譯大抵也以和合本為準，但新教未收之書目則採用天主教思高譯本。另書末附有「聖經書目對照表」可資參照。

•《古蘭經》大致上採用馬堅譯本，以便統一，只有少數幾段因為文字處理，與書之內文較為相符，而使用仝道章與王靜齋之譯本。

•由譯者與編輯新增的注解於正文中以楷體字呈現。

# 推薦序

鄧元尉／輔仁大學宗教學系助理教授

猶太教、基督宗教與伊斯蘭教，作為西方三大宗教，都屬於「書的宗教」，因為它們都以某部「經典」作為信仰的根基。用「書」來貫穿這三個宗教、進行介紹與比較，既可以看出三者間某種一脈相承的特質，也可以此為基準凸顯出彼此的核心差異。本書以有限的篇幅處理這麼一個巨大的主題，是件相當不容易的事情，我們亦由此看出作者的企圖和淵博的知識。本書至少有如下幾個優點：

1. 論述深入淺出、簡單易讀，適合所有對西方宗教有興趣的讀者，而不只限於三大宗教的信徒。

2. 涵蓋層面廣泛，對於各宗教之經典的歷史、內容、主要信念，以及對信仰社群的影響，都有全面性的介紹。

3. 作者對各宗教信徒如何理解自身的信仰，有著客觀公允的掌握和陳述。這在宗教比較的作品裡是極為重要的，而且要實踐它殊為不易，本書展現出作者在這方面的努力與成果。

4. 作者在部分段落進行宗教比較時，謹慎地描述出差異點，表達出各宗教自身的觀點，而未魯莽地進行孰優孰劣、孰真孰假的價值判斷。據此，本書當可助於三大宗教的相互理解、彼此對話，從而可以在尊重差異的前提下尋求共通點。

5. 格外值得一看的是，作者整理出各宗教的信仰群體如何解讀其經典的態度與方式，敘述各宗教傳統如何從「經典」走向「詮釋」，也就是說，本書不只是介紹經典本身，也準確地看到：經典總是與某些信仰群體以及他們詮釋經典的歷史一起構成這個宗教的。

6.以前一點為基礎，作者對伊斯蘭教某種僵固經典字句、拒絕詮釋的傾向提出批判，表現出反思的態度。在此，作者對不同宗教、甚至對最新學術成果的開放態度，實值得所有宗教人效法。

綜合上述優點，本書可說是一本從經典切入來理解猶太教、基督宗教、伊斯蘭教的傑出作品，本人願意誠摯推薦。

# 導讀

蔡源林／政治大學宗教研究所專任副教授兼所長

猶太教、基督宗教、伊斯蘭教，組成世界宗教文明史最獨特的一神教三部曲，三教之間有著承先啟後的系譜關係，這明白地記載於猶太教的《希伯來聖經》、基督宗教的《聖經》、伊斯蘭教的《古蘭經》這三部影響人類文明既深且鉅的宗教聖典。雖然，這三部聖典對神的觀點以及人神關係的敘述方式大異其趣，但對獨一神無條件的信仰則是其共通的敘述主軸。但何以同樣的獨一神信仰，竟會開展出差異性如此大的三個宗教傳統，並深刻地影響了全球約半數的人口之信仰生活與文化認同，乃是從古至今三教的信仰圈與現代的學術圈熱烈探討、但仍難有定論的謎題。

筆者在大學講授世界宗教導論的相關課程，當提及猶、基、伊三教都信仰同一位獨一神，猶太人稱耶和華（或耶威）、基督徒稱上帝（或神）、穆斯林稱阿拉，只是名稱不同，其實三教乃同一位神，啟示予同一脈先知系譜的不同分支，大部分的學生都是一頭霧水。台灣並不屬於一神教文明圈，除非是基督徒或穆斯林家庭，一般人並未從小跟著父母親與長輩研讀《聖經》或《古蘭經》，大半僅接受有限的西洋史知識，大概知道自古以來猶太人常受基督徒迫害，中世紀的十字軍則為基督徒與穆斯林之間的聖戰衝突與相互迫害，再加上當代媒體對西方與伊斯蘭世界的「文明衝突」不斷地報導，更是難以理解三教同源的一神宗教史觀。尤有甚者，三教的基要派或極端保守派都會宣稱他教所信的是假神明、假先知，或他教所研讀的經典為人所偽造，只有本教經典才是獨一神的真正啟示，本教才保有永恆的真理。故而，現代宗教學術所呈現的三教同源史實，並不容易為華人世界的教內與教外民眾所理解與接受。塞日・拉菲特這本著作的中譯本，對於拆解與導正中文讀者的宗教史觀，無疑是相當好的開端。

一本書要同時處理猶、基、伊三教聖典的經文編纂與詮釋的複雜歷史，且觀點又能四平八穩而不致過度偏頗於其中一教的傳統，或太過強調客觀中立的學術本位而忽略特定宗教傳統對經典的信仰本位詮釋，實在並不容易。本書就上述標準來看，確實已做到了面面俱到與平衡論述的地步，雖不太可能讓不同信仰立場者都能滿意，但在信仰與學術觀點之間維持平衡，並盡可能忠實且淺白地呈現每一宗教傳統的正統詮釋觀點，作者的寫作功力著實令人讚嘆。

每一源遠流長的宗教傳統都有教派之分，而教派分立與正統／異端之辯，經常導因於該宗教對神聖經典之詮釋差異，猶、基、伊三教的歷史最能應證經典詮釋與教派分立的因果關係。本書作者對此有相當精闢的討論，幾乎觸及了三教內部與三教之間最具爭議性與敏感性的主要問題，包括：《希伯來聖經》所提到的大洪水是史實還是傳說？摩西率以色列人出埃及真有其事嗎？耶路撒冷城真的是由大衛王與所羅門王所建的嗎，還是後代君王偽託的歷史重構？《希伯來聖經》如何轉變成基督宗教的《舊約》呢？更進一步而論，初期基督教如何從原本為猶太教的支派轉變為信仰基督的新宗教？耶穌所宣揚的「福音」與《新約聖經》的〈四福音〉所提「福音」是同樣的內容嗎？〈四福音〉的作者是否以個人主觀見解曲解了耶穌的「福音」呢？《新約聖經》的正典與次經、偽經的區別是何時才出現的？這是否只是特定教派觀點透過權力運作造成的結果呢？新、舊教對《聖經》詮釋權威的理解有何不同呢？《古蘭經》在先知穆罕默德歸真後二十年內就確定了正統版本，但此一正統版本真的就是穆聖在世時所傳述的天啟內容嗎？是否有其他不同版本的《古蘭經》流傳於穆聖歸真之後，但被刻意銷毀呢？作者提到雖然學者至今仍找不到不同於今版《古蘭經》的另版《古蘭經》之斷簡殘篇，但如果從遜尼派與什葉派對《古蘭經》詮釋權的爭論，以及遜尼派自身傳述的《聖訓》有這麼多不同版本，這便意味著初期穆斯林教團對穆聖生平言行的傳述已存在不同版本，那麼結集穆聖所傳的天啟而成書的《古蘭經》，難道就不會有不同的版本嗎？對上述這些牽動一神三教之信仰敏感神經的問題，作者以學術觀點提出合理的懷疑，也嘗試以兩面具陳的平衡論述詳列各方說法，以一分證據說一分話，不刻意偏袒任何一方或抹煞其敵對的一方，也使讀者比較能拼湊出完整的圖像，而做自己的理解與判斷。

若說作者仍存在學者自身的主觀性可供挑剔，比較明顯的部分便是在全書的最後段落，即論述《古蘭經》的傳統派與現代派的論戰。作者本身的整體論點，立基於西方學界自十九世紀以來迄今所發展的歷史批判方法，該方法推翻自古以來一神三教將宗教經典視為神聖權威的正統觀點，而是將之視為一部由人所創作的歷史文獻，故和其他歷史與文學作品一樣，反映了特定歷史脈絡對神聖天啟的特定觀點，不應視為永恆不變的真理，而是可以透過歷史考證來逐步還原經文被編纂改寫的過程。此一歷史批判方法對《聖經》的研究，促成了猶太教與基督教的神學革命，直到二十世紀初期，西方世界的猶太教與基督宗教陣營，已大致形成了支持歷史批判方法的自由派與反對歷史批判方法的保守派兩大陣營，雙方壁壘分明、勢均力敵。作者顯然支持自由派立場，也期盼這場歷史批判方法所帶來的神學革命也能在伊斯蘭世界掀起，以徹底改變在他看來是受傳統派把持的《古蘭經》經典詮釋，並將今日伊斯蘭世界的無法跟上西方自由化、現代化步伐，歸諸於《古蘭經》詮釋被守舊的宗教學者壟斷所造成。

作者對《古蘭經》詮釋的上述論點，雖有部分言之成理，但也忽略到穆斯林對《古蘭經》的看法，畢竟不能等同於基督徒對《聖經》的看法，兩者的宗教史觀相當不同。況且，歷史批判方法乃是西方啟蒙運動所發展出來的理性人本主義意識形態之產物，是否適用於非西方世界，也有必要被批判檢討。讀者在閱讀這部分時，不應被作者的論述所誤導，以為在伊斯蘭世界的傳統派和現代派之經典詮釋論戰，乃是一場勢均力敵的公開思想辯論。作者所引的《古蘭經》現代派詮釋案例恐怕是少數特例，而非真有一場聲勢浩大的現代派詮釋革命蓄勢待發。其實，穆斯林信眾不成比例地接受傳統派對《古蘭經》的正統詮釋，所謂現代派的詮釋者只能算是少數的異議份子，這個現象絕不應簡化為是少數宗教學者以政治權力壟斷《古蘭經》詮釋，而蒙蔽了沉默的穆斯林大眾之結果。傳統派與現代派之爭，何以在伊斯蘭世界仍是一場不對等的論戰？何以在西方世界的神學革命不能在伊斯蘭世界發生？這個問題的本身，其實就已經是一個有特定立場的提問。吾人亦可反問，何以穆斯林信眾一定要接受現代派的詮釋呢？

無論如何，作者在本書結尾提出自己的觀點來質問伊斯蘭教的解經傳統，對不熟悉這場論戰的華人世界讀者而言，可以將之視為猶太－基督宗教解經傳統企圖與伊斯蘭解經傳統展開一場對話的起手式，其間並沒有絕對的對錯標準，每一宗教信仰者只要能夠本著開放的心胸，以對話來促成相互理解而不要一定得說服或駁倒對方，相信當今全球的「文明衝突」便可在眾志成城的努力下消弭於無形了！

聖經與古蘭經：認識猶太教、基督宗教與伊斯蘭教的第一本書　目次

## 第三部分 《古蘭經》

附　錄

# 目次

## 書中引言

# 前言

曾在歷史上占據重要地位的三大宗教：猶太教、基督宗教（此包含天主教、新教、東正教）、伊斯蘭教，至今重要性依然。但迄今在坊間卻找不到任何一本著作，把奠定這三大宗教傳統的書籍以簡單、入門的方式並列探討。而數世紀來，這些見證人類精神體驗的書籍和傳統，卻不容忽視。

本書的首要目標，就是介紹這三個在信徒心目中因受神的啟發而成的「神聖著述」，它們是奠定這三個一神論宗教的基礎文本。

本書的另一特點，則是提供對猶太教《希伯來聖經》和基督宗教《聖經》的雙重見解，《古蘭經》亦然。作者一方面依據每個宗教傳統對其經典的解讀，來凸顯它們的相似點與差異處；另一方面，也借助現代科學的發現，來佐證這些文本的歷史及其歷代的傳承。

身處文化多元化以及全球化的今天，在人與人之間互相對話和彼此了解的道路上，認識這些創教文本確有其必要性；同時，這也有助於抵禦那些藉著操弄經典詮釋，而將驅逐與暴力正當化的意識形態擁護者。

# 第一部分　《希伯來聖經》

# 1. 文本

亞當與夏娃、亞伯與該隱、大洪水與挪亞方舟、摩西與十誡、大衛與歌利亞、所羅門與示巴女王……，這些人物都出自《希伯來聖經》。而這個由不同書卷組合而成的經典，也是基督徒所稱的《舊約聖經》。這些由故事集合而成的經文中，有些敘事甚至已經超過兩千五百年的歷史。雖然它們並不是我們已知最古老的宗教文本，例如埃及的法老王和美索不達米亞都還遠在它們之前，然而，這些以希伯來文記載的經文，卻成為一個時至今日依然活躍的宗教，也就是猶太教的基礎；同時也構成根源於此的基督宗教與伊斯蘭教宗教遺產的一部分。

數世紀以來，《希伯來聖經》透過兩個管道傳遞：一是我們接下來就要探討的猶太教；另外則是將在本書第二部分討論的基督宗教。這些被基督宗教稱為《聖經》的經卷組合，是由希伯來文的「ha serafim - 書」，轉成希臘文的「Bible - 聖經」這個字。自一開始，《聖經》就是一套匯集各種不同文本的書卷。為了強調它由神聖啟示（指神透過某種行動，藉由揭示自己，向人類傳遞真理）所帶來的神聖性，猶太教使用在希伯來文裡涵義為「聖潔的書卷」或「聖潔的文獻」這樣的詞彙來稱呼，但最普遍使用的希伯來文稱法則是《塔納赫》，它是由猶太教《希伯來聖經》中三個主要部分名稱的開頭字母組成：塔（T）為《妥拉》，是神向摩西所揭示的律法書；納（N）為《先知書》；赫（K）則是作品集的意思，也就是《聖錄》。

## 《妥拉》

《妥拉》（《舊約聖經》中稱為摩西五經〔天主教稱為梅瑟五書〕，或律法書）的內容陳述希伯來人民和他們唯一的神之間的連結，這是《塔納赫》的第一部分，由五卷書卷組成：《創世記》、《出埃及記》、《利未記》、《民數記》和《申命記》。其中由世界和人類的創始；講到希伯來人的祖先－族長們；以及神在西奈山上向摩西揭示的律法——《妥拉》；最後在希伯來人民即將進入迦南，也就是他們的神所承諾的「應許之地」之前，以摩西這位偉大先知的死亡作為結束。這些文章的合集構成了猶太教《希伯來聖經》的核心，並且也原樣呈現在基督宗教《舊約聖經》的第一部分中。我們發現在《古蘭經》中，也多次提及這些《聖經》故事。

## 《創世記》

「起初」這兩個字為《創世記》拉開序幕，一開始就展開全景，畢竟這是關乎世界、人類和希伯來人民起源的敘述。《創世記》中的故事極其關鍵，因為它涉及了三個一神論宗教（猶太教、基督宗教、伊斯蘭教）的共同概念，那就是：神是獨一無

二、至強至大的，祂是一切存在的創造者，祂超越一切，在世界創始之前就已永恆存在，這也是縱貫《妥拉》這五卷書卷裡不斷被強調的重點。這位神也非常人性化，嚴厲與慈悲兼具，祂會對人類施予懲罰，但也會原諒人類的不忠。這位神也總是間接的透過祂所選擇的天使和先知，來傳達祂對人類所說的話語。

## 創世記

起初，神創造天地。〔……〕神說：「要有光」，就有了光。〔……〕神說：「地要生出活物來，各從其類；牲畜、昆蟲、野獸，各從其類。」〔……〕神說：「我們要照著我們的形像、按著我們的樣式造人……」〔……〕神就照著自己的形像造人，乃是照著他的形像造男造女。神就賜福給他們，又對他們說：「要生養眾多，遍滿地面，治理這地……」（創世記1：1－28節）（和合本譯本）

《創世記》裡記載的好幾個《聖經》故事，都在西方文化中留下了深刻的烙印，例如：亞當與夏娃的創造，和他們因違背神的旨意偷嘗禁果，最後被逐出伊甸園；該隱謀殺亞伯，則是人類違抗神聖旨意的原型；神降下大洪水懲罰人類，並允許挪亞製造方舟拯救陸地上的所有物種；巴別塔的毀滅，因為人類以為建造了巴別塔，就可以將人帶回天上；而所多瑪與蛾摩拉城則象徵著人的迷失。

緊接在《創世記》之後的，則是族長們的敘述，亦即猶太先祖們的歷史，由神向亞伯拉罕立約，承諾他會有繁榮的後代開始。在這篇敘述中，我們可以發現另一段著名的插曲：神阻止了亞伯拉罕犧牲他的兒子以撒，並改以綿羊來獻祭，這象徵放棄當時某些多神信仰用人來獻祭的習俗。這是個快樂的結局，因為以撒的兒子雅各將會生下十二個兒子，他們將成為以色列十二支派的直系祖先。《創世記》的記載就以亞伯拉罕的後裔定居於埃及作為結束。

## 《出埃及記》

此書仍然記載希伯來人民的歷史，但在時間上已經晚了幾個世紀。依據《聖經》的記載，此時已輾轉淪為奴隸的希伯來人，跟隨著由神指示作為嚮導的摩西逃離埃及，他們穿過沙漠朝迦南地邁進，那也是神曾經引領亞伯拉罕去的地方。《出埃及記》中記錄了許多到現在還眾所皆知的奇蹟事件，如：吞噬了法老王大軍的蘆葦海，亦即後來轉變成著名傳說的穿越紅海……。更重要的是，這個故事成為以色列正式誕生的標誌，他們是被神選中的子民。在西奈山上，神向摩西揭示了祂的盟約，以保護作為交換，並將重點刻在石板之上，這就是著名的「法版」，也就是基督徒所稱的「十誡」，或是「十句話」，並且為了存放十誡，還特別建造了約櫃（或稱法櫃）。

## 十誡

除了我以外、你不可有別的神。不可為自己雕刻偶像（……）。不可妄稱耶和華你 神的名（……）。六日要勞碌作你一切的工，但第七日是向耶和華你 神當守的安息日（……）。當孝敬父母（……）。不可殺人。不可姦淫。不可偷盜。不可作假證陷害人。不可貪戀人的房屋；也不可貪戀人的妻子、僕婢……（出埃及記20：2－17）（和合本譯本）

除了這段對希伯來人民命運至關重要的插曲，《出埃及記》的敘述也凸顯了這位以色列之神的獨特性，當摩西在西奈山上詢問祂的名字時，祂回答：「我是那自有永有的……」由這段詞句中演變出希伯來文的四字神名——「YHWH－耶和華」。因此，與其他多神教的神祇相反，以色列的神並沒有一個特定的名字，而且猶太教徒為了尊敬神聖的第四條誡文，都不宣說這四字神名。在《希伯來聖經》中，這位以色列之神常被間接的以「主」，或是「永恆」來稱呼。而貫穿本書為了方便所使用的「神」這個字，是基督宗教的用詞，其源頭則直接來自希臘神話中的宙斯。

《出埃及記》另一個重要之處是，它提到了第一個逾越節，它出現在以色列人正要離開埃及的時候。這個與出埃及相關的節日，也建立了希伯來人民的首批法律制度，將影響希伯來人民的宗教與社會生活，當然，必需遵照神的意願自不在話下。在介紹下一本書的時候，我們會充分詳細的探討這個法律制度。

## 《利未記》

《利未記》的名稱來自以色列十二支派之一的利未支派，這個支派專責對神的祭祀崇拜。這本關於律法的經文，閱讀起來一點都不比閱讀法律書籍來得有趣，卻對猶太教有著無與倫比的重要性，因為這是由神口授給摩西的所有宗教法則，凡是希伯來人民都必需嚴格遵守。其中包含了曆法、宗教慶典的進行、儀式的細節、獻祭以及淨化的禮儀；也明確的指出祭司所扮演的角色和行為準則、婚姻與性行為；同時也有關於飲食的禁忌，特別是血，和對猶太食品的規定。在《利未記》中，還有一個神的誡命：「要愛人如己。」（利未記19：18）依據福音書，這個指令受到耶穌的高度重視。因此，「愛你的鄰舍如同自己」的要求，並非一般人所認為的基督宗教產物。

## 《民數記》

此書接著敘述以色列人離開埃及後、穿越沙漠的情形。書名來自對以色列十二支派的兩次人口普查，一次在剛出埃及時，一次則在抵達迦南地之前。值得我們關注的是，此書再現了這一段漫長且不可思議的路程，其中充滿考驗，有人民的灰心喪氣，以及對摩西與神所頒發律法的反抗。而他們重返偶像崇拜，以及對神的承諾缺乏信心，也使得希伯來人民遭受了在沙漠裡徘徊四十年的懲罰。我們可以如此總結此書的教導：神是可信靠的，祂從不放棄祂的子民，但絕不能對祂的律法有任何不敬。即使是摩西，儘管他對神的奉獻沒有止境，但因他的一點情緒反應，仍然逃不過神的憤怒，最終面臨被禁止進入應許之地的命運。

## 《申命記》

至此，穿越沙漠的旅程與摩西的生命都將告終，本書是一段歷史的總結，並將重心放在上帝與祂選定的以色列人民之間的盟約，以及這一切的根本，那就是對這神聖盟約的尊重。本書名稱來自希臘文，可解釋為「第二律法」，也有對律法的重申之意。臨終前，摩西回顧了希伯來人民的歷史，尤其是從道德、社會、政治和宗教再次詳細檢視，在西奈山上神向他昭示的律法。摩西勸勉以色列人民即日開始遵守律法且不再偏離。猶太教的信仰宣誓詞，也是虔誠猶太人的每日祈禱詞，就出現在這本書中：「以色列啊，你要聽！耶和華我們 神是獨一的主。你要盡心、盡興、盡力愛耶

和華你的 神。」（申命記6：4－5）在委任約書亞接續他的工作後，摩西把神的律法完整的寫於書中，任務至此結束。書中簡要提及摩西的死，並接著讚頌：摩西是以色列最偉大的先知。對猶太教來說，整部《妥拉》五書是由神口授給摩西，而由摩西編輯而成。

## 《先知書》

《先知書》屬於《希伯來聖經》的第二部分，本身又分為「前期先知書」和「後期先知書」，它們也都包含在基督宗教的《舊約聖經》裡，但卻未按同樣方式分類。這裡，我們尊重猶太教的分類方法，但在認識它之前必須說明的是，這些有名的先知並非算命先生，《希伯來聖經》裡面有好幾個段落都譴責魔術或卜卦的施行，例如當時在各個宗教裡流行的占星學。總的來說，《聖經》裡的先知是以色列之神的發言人，並且受到神的啟發而行使他們的使命。而且，如果他們宣布災難即將來臨，那一定是當人民和領導者對神聖律法不夠尊重、掉以輕心之時，他們才會加以譴責，並且提醒眾人重回秩序。因此，這些先知是摩西律法的守護者，同時也是對希伯來人影響巨大的歷史事件的事件解讀者，當然，他們的解讀必定帶有其宗教意義。

## 前期先知書

「前期先知書」包括了《約書亞記》、《士師記》、《撒母耳記》和《列王紀》，在基督宗教的《舊約聖經》中，這部分則被歸入「歷史書」裡。「前期先知書」的歷史記載，是從以色列人民進入迦南地起，一直到君王時期的到來，以及大衛王與所羅門王的加冕和統治，最後結束於巴比倫王尼布甲尼撒占領耶路撒冷。整段記載從公元前十三世紀一直涵蓋至公元前六世紀。《約書亞記》主要敘述希伯來人民攻克迦南地的歷史，這是一段血淋淋的史詩，其中最著名的事件當屬耶利哥城的攻城戰，因著以色列人民對宗教的熱忱，以致城牆崩塌而取得最終的勝利。本書結束於劃分攻占的土地給以色列各個支派，以及約書亞（繼摩西之後的以色列人領袖，帶領以色列人進入應許之地迦南）的死亡。

《士師記》則記載了征服之後的安頓，書裡的士師們並不是大法官，他們也只是平凡人，像有名的參孫，甚至還有幾位婦女，如：底波拉，她英雄般的行徑，把以色列帶回正途。這些有時顯得生動精采的英勇事蹟，其實背後的訓示都很簡單，那就是：當以色列人民背離神的時候，就會失去所有與神的連結，不只被敵人擊敗，就連生存也都受到威脅；然而，當以色列人民主動接近神，尊重祂的律法，他們的未來就得到了保障。這個教導並不新穎，我們在《出埃及記》中已經看過，而且之後還會經常出現。

跟著《撒母耳記》上下兩冊，我們又進入希伯來人歷史上的另一重要時期：以色列王國的建立。上冊敘述撒母耳（以色列進入君王時期前最後一位掌權的士師）雖然一開始反對，但最後還是聽從神的勸告，接受了人民為了對抗可怕的非利士人，想要立王以及任命軍事統帥的要求，選擇掃羅成為第一位以色列王，但掃羅的統治最後卻以悲劇告終。而下冊的主要內容，則敘述撒母耳還是跟隨神的建議，選定大衛作為掃羅的繼任者，這位以色列的偉大國王──大衛王，以首都耶路撒冷為中心，建立了一個大一統的王國，但後來卻需要先知拿單的不斷干預，來提醒大衛勿忘神的誡命，也就是當初使他合法成為國王的誡命。

上下兩冊的《列王紀》承接之前的《撒母耳記》，繼續記載以色列王國的歷史，直到巴比倫人攻占耶路撒冷為止。上冊主要記載大衛之子──所羅門王的統治，耶路撒冷聖殿由他下令建成。也敘述了所羅門王繼任之後造成的問題，以致王國最後一分為二：北國以色列，首都在撒馬利亞；南國猶大（耶穌時期的猶太山地），首都仍在耶路撒冷。《列王紀》上冊後半部的核心人物，是亂世中的偉大先知以利亞，我們可以看到他無情的對抗那些總是被周邊種族的神祇吸引，而偏向多神崇拜的希伯來人民。以利亞也出現在《列王紀》下冊的開頭，下冊主要敘述南北兩個王國的歷史，但其敘述方式非常混亂，最後以巴比倫人攻占耶路撒冷，摧毀所羅門聖殿，並將猶太菁英擄至巴比倫告終。

## 後期先知書

「後期先知書」中大部分先知的年代，其實都早於耶路撒冷的陷落，他們只是被排列在後面而已。依照猶太教《希伯來聖經》的排列，前三本《先知書》分別是：《以賽亞書》、《耶利米書》和《以西結書》。接著就是另外十二本《先知書》，而其中有些先知的年代還在先知以賽亞之前，他們分別是：《何西阿書》、《約珥書》、《阿摩司書》、《俄巴底亞書》、《約拿書》、《彌迦書》、《那鴻書》、《哈巴谷書》、《西番亞書》、《哈該書》、《撒迦利亞書》、《瑪拉基書》。以上先後順序不是按照時間，也不是按照這些先知在歷史上的重要性來排序，而是依照其書篇幅從多至少遞減。但為了能完全理解先知的角色在以色列歷史上所帶來的宗教意義，至少要看「後期先知書」中的前三本，尤其是其中的《以賽亞書》。一方面是因為以賽亞身為以色列的大先知，這些大先知會對人民解釋神所承諾的救贖的意義；另一方面，他在即將來臨的基督宗教中也占了重要的地位，《以賽亞書》中，宣告了大衛的後裔——彌賽亞的到來，他將為神的王國帶來和平與正義。同樣在這些篇章中，以賽亞也談到了「神的僕人」這個角色，因而早期的基督徒們將之視為對耶穌使命的宣告。

## 神的使者

主耶和華的靈在我身上。因為耶和華用膏膏我，叫我傳好信息給謙卑的人，差遣我醫好傷心的人，報告被擄的得釋放；被囚的出監牢。報告耶和華的恩年，和我們　神報仇的日子；安慰一切悲哀的人，……

（以賽亞書61：1－2）（和合本譯本）

## 《聖錄》

這個猶太教《希伯來聖經》的最後一部分，是由五花八門不同作品所集成，而且大部分都扣人心弦、振奮人心，其中包括了：《詩篇》、《約伯記》、《箴言》、《路得記》、《雅歌》、《傳道書》、《耶利米哀歌》、《以斯帖記》、《但以理書》、《以斯拉記》、《尼希米記》和《歷代志》，我們將依照它們的文學體裁，分類探討其中的重點。

### 宗教詩篇

《詩篇》是一本包含了一百五十首宗教歌曲的詩歌集，其中有許多都被基督宗教教會所採用，或是成為眾多基督宗教讚美詩的靈感泉源。大部分詩歌都以神為對象，而且各種形式、各種口氣都有：從熱情的讚美，到面對祂的沉默時的痛苦吶喊，當然也有對神的公義與愛所抱持的信心。被認為是先知耶利米所寫的《耶利米哀歌》（法文中表達抱怨、持久悲傷的「jérémiades」一字，即來自耶利米先知的名字「Jérémie」），裡面包含五首詩歌，詩中強調耶路撒冷陷落所造成的痛苦後果，並將之解釋為神聖的懲罰。這些痛心疾首的提醒，中間穿插對民眾悔改的要求，因為希望還在，神並未放棄祂的子民。

### 求主垂憐

耶和華啊，求你側耳應允我，因我是困苦窮乏的。求你保存我的性命，因我是虔誠人。我的 神啊，求你拯救這倚靠你的僕人！（……）主啊，求你使僕人心裡歡喜，因為我的心仰望你。主啊，你本為良善，樂意饒恕人，有豐盛的慈愛賜給凡求告你的人。耶和華啊，求你留心聽我的禱告，垂聽我懇求的聲音。我在患難之日要求告你，因為你必應允我。（詩篇86：1－7）（和合本譯本）

## 智慧之書

如果從這一體裁的《聖經》中要選出一本來讀的話，那就非《約伯記》莫屬了。他的故事是人類悲慘狀態的縮影，雖然有著深切的信念，但他的悲慘也正因他的深切信念而起。整個故事圍繞著的核心問題就是：如何不去質疑神？尤其是當祂最正直、最高尚的信徒不斷被災難和痛苦重創時。就像《箴言》中收錄的建議與諺語，這部傑作探討的問題時至今日依然新鮮。如果說，在希伯來宗教信仰中，神是唯一的智者和智慧的源頭，那麼希伯來人的智慧，在人生中的不同面向上，表現得也不差。從這點看，另一力作——《傳道書》就足以說服我們。這是一個長篇的獨白，作者似乎已經看盡一切：「虛空的虛空，凡事都是虛空。〔……〕日光之下並無新事……」唯一的希望只剩神聖計畫的終極結果，但人類卻無法完全了解。

## 萬事萬物都有定時

凡事都有定期，天下萬務都有定時。生有時，死有時；栽種有時，拔出所栽種的也有時；〔……〕喜愛有時，恨惡有時；〔……〕神造萬物，各按其時成為美好，又將永生安置在世人心裡。然而 神從始至終的作為，人不能參透。我知道世人，莫強如終身喜樂行善……（傳道書3：1—12）（和合本譯本）

## 愛情詩歌

就像它的名稱：《雅歌》，亦即「歌中之歌」所標示的，這是《聖經》裡面最卓越的詩歌。但把它編排進《聖錄》之中倒令人驚奇，因為如果毫無刪改、直截了當地閱讀這些詩歌，其中有些段落相當性感。這麼一來，也讓我們更加了解，為什麼這顆具有東方熱情的寶石，有時候卻是如此難被猶太教《希伯來聖經》和基督宗教《聖經》所保留，而且為了平息嚴謹信徒們的擔憂與恐懼，還將它提升到寓言的層次，因此，愛人之間熱情的愛戀，成為以色列人民與神之間連結的象徵；而在基督宗教則象徵耶穌與教會的結合。

**我的愛，你是那麼的美！**

你的肚臍如圓杯，不缺調和的酒；你的腰如一堆麥子，周圍有百合花。〔……〕你的頭在你身上好像迦密山；〔……〕我所愛的，你何其美好！何其可悅，使人歡暢喜樂！〔……〕願你的兩乳好像葡萄纍纍下垂，你鼻子的氣味香如蘋果；你的口如上好的酒。（雅歌7：2－9）

（和合本譯本）

## 歷史記載

在這些歷史書中，除了《路得記》，其餘的記載年代都在耶路撒冷陷落之後。《路得記》的故事相當短，主角是大衛王的曾祖母路得。《以斯帖記》則敘述美麗的年輕女子以斯帖，成為波斯亞哈隨魯王（公元前四八五年至前四六五年）的妻子，並成功破除了亞哈隨魯王的攝政大臣哈曼王子滅絕猶太人的計畫。但從歷史的角度來看，這部分歷史記載中最重要的兩本書，當屬貢獻給兩位重建以色列的英雄，以斯拉和尼希米的《以斯拉記》及《尼希米記》，波斯帝國的居魯士大帝於公元前五三九年摧毀巴比倫後，允許流亡在外的猶太人回到耶路撒冷，而以斯拉一開始就肩負起重建耶路撒冷聖殿的工作，並重申摩西的律法；尼希米則在政治層面上襄助以斯拉，畢竟重建並非易事。

## 末日預言

第一部分的《但以理書》偏於歷史的記載，主要敘述尼布甲尼撒二世時期（約公元前六三四年至前五六二年），被流放到巴比倫的猶太人民生活之艱苦；《但以理書》的第二部分，則顯示了一種非常特殊的文學形式：啟示文學。在這個時期，即公元前的最後兩個世紀中，這種啟示文學的體裁在猶太教中非常流行，《新約聖經》裡也有相當近似的例子，如約翰的《啟示錄》。《啟示錄》這個名字源於希臘文，原意為「揭露」，這個字也可以翻譯為「啟示」。這部分的《但以理書》由幾個異象組成，內容為世界末日前夕的災難性事件，而最終將迎來神的終極勝利，和所有死者的復生。

# 2. 猶太教《希伯來聖經》與歷史

《希伯來聖經》裡記載了很多的故事，字面上和引申的意義兼具，這些記載通常都是在事件發生一段時間以後，從傳統的口述方式改以書面記錄並修訂，再彙編成集。然而，我們不能忘記的是，這部《聖經》的編輯者所關注的第一要務，並不是歷史上的正確性，而是尋求解釋每一次事件帶給希伯來人民的意義，並依據他們的基本觀點來解讀。這個基本觀點就是：與唯一的神之間的盟約，且除此之外沒有任何的救贖。但這並不意味著所有的記載純屬傳說，或是文學上的虛構，接下來我們將會看到，猶太教《希伯來聖經》上關於希伯來人歷史的重要階段，透過現代的研究，在某種程度上，能夠幫助我們區分出哪些部分可能似是而非，哪些又是可信的。

## 傳說與歷史之間

《聖經》裡面記載的希伯來人是從哪裡來的？這是一個從未真正揭開的謎。唯一可以肯定的是，他們來自阿拉伯半島的其中一個部落，而這個半島的語言源頭屬閃米語族。根據《聖經》中亞伯拉罕的故事記載，希伯來人民的祖先確實是游牧民族，他們經歷了很長一段時間才慢慢定居下來，有可能屬於當時被埃及人稱為哈比魯人的一部分，這些哈比魯人四處遷徙，有時充當僱傭兵，或有大型工事時出苦力做勞工，但沒有歷史學家贊同這個觀點。歷史上第一次提到希伯來人民的記載其實年代相當晚，他們出現於慶祝法老麥倫普塔赫一場重要戰役的麥倫普塔赫勝利紀念碑上，碑文內容記載了被埃及軍隊擊敗的地區和民族，其中就包括了迦南和以色列，而這場戰役發生於公元前一二〇七年前後。

依據《聖經》的記載，當時埃及的法老下令處死所有希伯來初生男嬰，摩西的母親為了救子，將他放在小箱子裡，讓箱子浮在尼羅河上，箱子奇蹟般的被法老的女兒發現，並將他帶回宮中撫養長大。長大之後，年輕的摩西卻因為殺死了一位虐待希伯來人的埃及人，而逃到米甸，在那裡成為牧羊人並娶妻。摩西在米甸待了四十年左右，直到遇見神在燃燒的荊棘叢中向他顯現，要他回到埃及去要求法老釋放希伯來人民。然而法老拒絕了，之後整個國家就開始遭逢巨大災變，那就是著名的「十場災難」。面對神如此的盛怒，法老決定允許希伯來人民離開，也因此，摩西率領數以千計的希伯來人民出埃及，踏上漫長的穿越沙漠之旅。

歷史學家普遍認為這段《聖經》插曲發生於公元前十三世紀，但是這個故事本身的真實性似乎不高，一方面，很難想像數千人如何在沙漠裡能夠存活那麼久？而且考古學研究，也並未找到任何蛛絲馬跡；另一方面，在當時埃及的史料中，沒有提及任何希伯來人，更沒有逃離埃及的紀錄。尤有甚者，埃及當時在這個區域具有主導優勢，並在很多地方都設有軍事要塞，所以想要阻止這場集體外逃應該易如反掌。

但是，由於摩西在文獻中位居以色列創始人的重要地位，他肯定真實存在著。若從他的名字可能源於埃及文中「誕生」之意來看，或許他來自埃及；但是從出埃及這段插曲來說，他也很有可能是一位擁有超凡魅力的領袖，帶領著一小群決定返回祖先之地的希伯來人民。

## 征服迦南

《聖經》中的這段情節，通常歷史學家們都將它定位於公元前十二世紀初期。依據《約書亞記》和《士師記》的記載，為了占領迦南地，希伯來人民發動了好幾次戰役。可以肯定的一點是：這個區域原本就是由不同種族共有，發生零星的衝突是很有可能的。然而，考古研究並沒有找到如同《聖經》所描述的城市破壞遺跡，耶利哥古城的確存在，但我們還在尋找它坍塌的城牆。此外，希伯來人進攻迦南的戰役，應該會在埃及史冊中留下痕跡，如考古證據所顯示，當時埃及在這一地區居於主導地位。還有一點就是，在迦南地時，以色列看起來已經像是一個相對統一的民族，歷史學家對這個突然演變的情節看法不一：有些人認為這只是一個逐步滲透融合的結果，並且過程比《聖經》的描述更加平和；另一部分的人認為，最初組成以色列的大部分成員，原本就是迦南人。

## 大衛王和所羅門王

依據《聖經》的記載，大衛王與所羅門王，兩位都是統一的以色列王國中聲望最高、最受尊敬的君王，歷史學家將他們的統治時期歸於公元前十世紀前期（在公元前一〇〇〇年至前九三〇年之間）。關於這個部分，《聖經》的版本再一次看起來不是很可信，在耶路撒冷和猶太山地進行的考古研究，並沒有找到任何證據證明公元前十世紀左右曾有過某個有組織化的王國存在。此外，因為《聖經》的記載，大家早已把北方王國的大型建築都歸於所羅門王統治時期所建，考古研究也嘗試把時間再往後推延大約一百年（到公元前九世紀）。至於耶路撒冷，依據某些專家的意見，公元前十世紀時，它只是一座沒什麼規模的小城，也沒有君主，當北方王國在公元前八世紀遭到亞述人的摧毀之後，它作為猶大王國的首都，才開始變得重要。不過，大衛王和所羅門王則很有可能真實存在過，在以色列北部發現的一塊石碑上，碑文裡提到了「大衛之家」。而《聖經》上記載的這兩位國王的威望，可能是為了加強耶路撒冷和南國的君主們在政治和宗教上的權威，至於重寫歷史的結果，因為南國的君主們都聲稱自己是大衛王的後裔。因此，記載君王時期的最後定稿，也許不會早於公元前八世紀。

除了《聖經》之外，對於《聖經》上記載希伯來人民歷史上的重要階段，直到公元前五八七年耶路撒冷的陷落以前，歷史學家因擁有的資料有限，難以精準的斷定年代。因此，以下年表中大部分都只是大概的時間點。

—大約公元前一七〇〇年：亞伯拉罕的後裔定居於埃及。

—公元前一三〇〇到公元前一二〇〇年間：在摩西的帶領下，希伯來人民離開埃及。

—公元前一二〇〇到公元前一一〇〇年間：征服迦南和定居。

—公元前一一〇〇到公元前一〇〇〇年間：王國的建立。

—大約公元前一〇〇〇年：大衛王的統治，約公元前九七〇年由所羅門王接續，約於公元前九三〇年，所羅門王去世，王國一分為二：以色列在北（首都為撒馬利亞）；猶大在南（首都為耶路撒冷）。

—公元前七二一年：亞述人占領撒馬利亞，驅逐人民並以亞述人取而代之，北國完全消失。

—公元前六一二年：巴比倫人占領了亞述王國的首都尼尼微，他們的國王尼布甲尼撒二世於公元前五九七年第一次征服耶路撒冷，流放了一部分耶路撒冷的人口到巴比倫；又於公元前五八七年再次回到耶路撒冷，摧毀所羅門聖殿並第二次流放人口。

—公元前五三九年：波斯帝國國王居魯士大帝征服巴比倫帝國，允許猶太人回到自己的國家。由於其對宗教的寬容政策，在波斯帝國的統治下耶路撒冷聖殿得以重建，猶太山地（古猶大王國）的政治和宗教也得以重組。

—公元前三三一年：亞歷山大大帝征服波斯帝國，他於公元前三二三年去世，死後他的將領們瓜分了他的戰利品。猶太山地首先由居於埃及的希臘將領統治，約於公元前二〇〇年，再歸於另一位安頓在敘利亞的希臘將領所統治的塞琉古帝國。約公元前一七〇年，塞琉古帝國的安條克四世（又譯安提約古四世）禁止猶太人實踐他們的宗教信仰，並將耶路撒冷聖殿用於祭祀宙斯，這個措施最後導致猶太人民的反抗，爆發「馬加比起義」，此起義成功使得猶太山地得到相對的獨立，並建立了一個猶太人當國王的哈希芒王朝。

—公元前六三年：龐培軍團占領耶路撒冷，猶太山地成為羅馬帝國的保護國，此羅馬帝國的統治將持續八個世紀之久。

## 從記錄到經文

《希伯來聖經》的時間跨度拉得很長，大約從公元前十世紀開始，一直到公元前二世紀結束。為了重建當時的歷史，專家們分別提出不同的劇本，但沒有一個得到所有人的贊同。接下來我們將依據歷史學家一般認為的重要階段提出討論。

除了專門敘述王權建立的那幾本書，一部分的《妥拉》很有可能也是在君王時期寫就的，而且時間絕對不會早於公元前九世紀。因為即使早在公元前十三世紀，希伯來文字似乎就已確立，但希伯來人民真正進入書寫文化階段則是在這個時期，考古發現證明的也是如此。這個相對穩定的時期，使得專職抄經的寫作人員，亦即抄經士的機構得以建立，也才能夠著手集結和寫作、或重寫，因為依據不同的傳統，必定有一些事蹟早已有了文字的紀錄。

《聖經》編寫的第二個重要階段，是公元前五世紀，跟宗教領袖以斯拉有關，我們今天所看到的《妥拉》五書，很可能就是由他集結編配，而且形式也已經與今日的版本相當近似。自公元前五三八年開始，當初被流放到巴比倫的猶太菁英再度回到耶路撒冷，波斯帝國相對寬容的統治，使他們得以集結摩西的律法，亦即《妥拉》五書，並逐漸恢復以色列的身分。無論如何，這個「盟約律法」的重要性，已經於《列王紀》下冊中，關於公元前六二〇年前後約西亞王宗教改革的部分提及。同樣也是在波斯帝國的統治下，很大一部分的《先知書》似乎已固定下來。

同一時期，希伯來文字母的新圖形已經開始使用，即是直到今日還用於猶太教《希伯來聖經》版本的希伯來正方字體。與此同時，亞蘭語的使用漸漸普及，這種近似於希伯來語的閃族語言，直到耶穌時期，在猶太山地的猶太人之間仍然通用。儘管我們在《以斯拉書》中找得到亞蘭語的蛛絲馬跡，不過，希伯來文仍然是編寫猶太教《希伯來聖經》最後所使用的語言，也是至今仍被拿來閱讀和學習的語言。

第三個重要階段為公元前四世紀到公元前二世紀之間，距今最近的猶太教《希伯來聖經》部分，就是在這個希臘統治時期完成，尤其是《智慧書》和《但以理書》，其中《但以理書》寫於「馬加比起義」期間，約於公元前一六五年。

正如這些簡短的概述所示，《希伯來聖經》的編寫是循序漸進，經由不同編者合作完成的共同產物，雖然其中常以特定的人物作為書卷的標題，但這些人物並不一定就是作者。如此一來，《十誡》真的是摩西本人執筆的嗎？有可能是他叫別人寫的嗎？不過，可以肯定的是，他一定沒有寫完全部的《妥拉》五書，尤其是其中述及他自己死亡的部分。

另外，現代關於《希伯來聖經》經文的研究，從語言特性和文學體裁的使用來分析，顯示《聖經》的編輯者常常混和不同的傳統，這個情形有時可在同一段經文中找到。最有名的例子就是《創世記》，其中含括了兩個關於世界起源的敘述。在專家的眼中，第一個敘述是比較近代的，寫於公元前六世紀從巴比倫回歸以後；而第二個敘述的特徵，則使它被歸於更古老的時期（見下文「大洪水的神話」）。十誡也有兩個版本，一個在《出埃及記》，另一個則在《申命記》中。《聖經》文本中所追溯的神聖啟示也是一樣，也會出現在其他故事的記載中。

## 大洪水的神話

《希伯來聖經》中關於創世記的敘述，有一些是從美索不達米亞文明的神話中借用而來。最令人矚目的影響之一，就是關於大洪水的記載，它還有一個更古老的版本，出現在《吉爾伽美什史詩》中，刻於公元十九世紀末在尼尼微找到的泥板上，這個巴比倫文本可以上溯至公元前一七〇〇年。美索不達米亞的影響也可以在其他《聖經》的片段中找到，像《約伯記》的主題，和某些詩篇如：「我的上帝！我的上帝！為什麼離棄我？」尤其和公元前十二世紀，巴比倫文本中的「正義受難者之詩」中的情況相當類似。而摩西誕生並從尼羅河中被救起的神奇故事，也讓人聯想起公元前二三〇〇年的美索不達米亞國王——薩爾貢一世，他也是在一個漂流於幼發拉底河上的籃子中被人發現。

## 跨時代的猶太教《希伯來聖經》

正如基督宗教福音書中的內容所證明的，到了公元前後之交，《妥拉》和《先知書》成為《希伯來聖經》中至關重要的組成部分。而我們今天看到已經固定形制的整套猶太教《希伯來聖經》，在當時尚未完成，那時的猶太人也會參考其他的文本，其中有些在最後仍舊沒有被猶太教選進《希伯來聖經》中。

公元七十年，在一次猶太山地的猶太人起義之後，羅馬軍團占領耶路撒冷並摧毀了聖殿，這個事件導致了撒都該人的消失。撒都該人在這之前是一個很重要的猶太教派別，他們由服務聖殿的祭司組成，專責儀式與獻祭。在事件之後，猶太教由另一重要派別重組，也就是由文士（是一群《希伯來聖經》的專家，專職講解並執行聖經教訓的人）組成的法利賽人，而負責《希伯來聖經》知識、教育和闡釋方面的「大師」——「拉比」，就是從他們之中產生。

為了整肅所有階層的猶太教徒，使大家圍繞著一個共同的信仰和律法，拉比們在當時所有的文獻中，只挑選出他們認為忠實於神聖啟示的文章予以保留。猶太歷史傳統認為這個闡釋和標準化的工作，是出自當時亞夫內一個學會的會議成果（亞夫內是位於猶太山地西邊海岸的一座小城）。但有一些長久被大家所認知卻沒被選中的文本，則在七十士譯本中可以看到，這是猶太教《希伯來聖經》的希臘文譯本。

這七十士譯本得名自一個傳說，敘述公元前三世紀時，七十位猶太學者齊聚亞歷山大港，著手翻譯此希臘文譯本。早在此整整一個世紀前，一部分猶太山地的猶太人，就已經散居在地中海沿岸。而在所有猶太散居地中，最重要的社區就位於亞歷山大港，這是當時在希臘人統治之下的埃及首都。而七十士譯本就是針對當時適應了希臘文，卻忘失希伯來文的猶太人而產生的。這個翻譯本一直流傳到公元前一世紀，而公元初期幾個世紀的基督徒，也是依據這個希臘文譯本來組成他們的《舊約聖經》。

當時被亞夫內學會捨棄的另外一些文本，則因二十世紀中葉，在死海邊的庫姆蘭所發現的死海古卷而重見天日。其中一些文獻的性質跟猶太教《希伯來聖經》非常近似（預言式的文稿、詩篇……），但在內容上則有差異。在庫姆蘭所發現的死海古卷中，也找到幾近完整的希伯來文《希伯來聖經》手稿，而且，它們跟今天我們看到的，經由馬所拉學士所制定的版本非常之接近。從公元六世紀直到中世紀，這些被稱為馬所拉學士的猶太教學者們，在原本只有子音的《希伯來聖經》的經文旁，加上了母音注記，從此確定了猶太教《希伯來聖經》的經文。

在法國的猶太人社區中，所有現代翻譯的猶太教《希伯來聖經》，為了能夠方便閱讀和詮釋希伯來文的經文，都要依據馬所拉學士們遺留下來在語法方面的明確注解。但是，《希伯來聖經》，尤其是《妥拉》，並不是猶太教社群唯一會參照的經文，我們在下一章中將會看到，偉大的猶太教拉比們，還推出了幫助猶太人了解其《聖經》的基礎——《塔木德》。

# 3.《希伯來聖經》的地位和詮釋

兩千多年來，不論是日常生活還是儀式，《希伯來聖經》在猶太人社團中，始終占據中心位置。每一個猶太會堂中都有一個神聖書櫃，收藏記載著摩西律法《妥拉》的羊皮紙卷，每周三次會在會眾前宣讀其中章節。這個誦讀在每周一次的安息日禮拜中顯得益發莊嚴，此時還會加誦《先知書》中的片段。每當年滿十三歲的年輕猶太人成為誡命之子，「被《妥拉》召喚」要行成年禮時，儀式也是在安息日舉行。所謂「被《妥拉》召喚」是指得到允許，自此可以在會堂中讀誦《妥拉》經文。

所有的大型猶太慶典都根植於《妥拉》，更有專為《妥拉》舉行的七七節（基督宗教的五旬節），時間在逾越節的七周之後。這時會誦讀《出埃及記》經文中，神向以色列人民頒下神聖誡命這一段，也就是猶太教中通常將之稱為「賞賜《妥拉》」的相關經文。其他《希伯來聖經》中的經典，在宗教日曆裡也有自己的位置，例如：《雅歌》在逾越節誦讀，禁食期間則讀誦《耶利米哀歌》以紀念聖殿的摧毀……至於《詩篇》，猶太教的祈禱書很大一部分就是由它組成。

## 一本聖書

對猶太教徒來說，《希伯來聖經》的經典都是來自神的啟發，都是聖潔的，但是聖潔的程度還是有些差異。形塑猶太教傳統的大師們，事實上在《聖經》的正典中建立出不同等級。收錄在《聖錄》中的書，相較之下價值略遜一籌，因為它們神聖靈感的來源被認為是間接的；由神的發言人，也就是先知所撰寫的部分，則價值較高，他們的神聖靈感被認為是比較可靠的；至於《妥拉》五書，則擁有截然不同的地位，它是希伯來文「神聖」這個詞的代表，因為在傳統上他們聲稱《妥拉》來自神對摩西的口述。猶太教的大師們甚至認為，在天上還有一部代表著神聖智慧，永恆不移的《妥拉》原型書，而摩西律法則是它一模一樣的副本。

如今，只有正統派的猶太人，還依舊全然相信《妥拉》毫無疑問由神所口述。猶太教其他派別則在不同程度上，承認神聖啟示之編寫中的人性部分，當然，這取決於他們傾向於保守還是自由。一般來說，猶太教並不那麼重視現代歷史研究在《希伯來聖經》文稿上的新發現，因為對於了解他們眼中《聖經》最重要的部分《妥拉》，這些知識並非必不可少。

如果說猶太人的宗教基礎是基於對唯一之神的信念，那麼此宗教基礎也同樣依靠著信眾的依教奉行，奉行神向摩西所啟示的盟約律法。因此，無論摩西律法被賦予多高的神聖性，自始至終它都是猶太教最基本的參照點，因為不可或缺的法定法典由它組成。這個摩西律法法典奠定了猶太人的宗教儀式和節日，鉅細靡遺到甚至連日常生活的準則都含括在內。而這些準則又由公元初幾世紀的拉比們為制定猶太人的法律，詳細記載於「哈拉卡」之中。正如同「哈拉卡」的希伯來文字根的意思，這個法律始終是「正在進行中」，也就是正在演變當中，因此，對於這整套準則的尊重，並不表示只是簡單的服從於一個堅固不移的法典，對猶太信徒來說，更重要的是，在各種情況下，都能找到方法與神交流，以及為即將到來的神之正義與和平的王國作出貢獻。

## 《妥拉》的守護者

自公元一世紀以來，拉比在猶太教中居於重要位置，身為猶太社群的負責人，宗教儀式常由他們主持，他們不是教士，事實上，每一位熟悉宗教儀式準則和祈禱的猶太人都可以擔任，拉比的主要職責在於守護《妥拉》：一方面提供教育，這是《妥拉》

希伯來文字根的原意，也就是「教育」或「指導」；另一方面，當有人提出在摩西律法的準則之下，是否有更好、更恰當的方式來遵循時，拉比肩負了解釋之責。

此時，拉比權威的高低，會依據猶太教的不同派別而有差異：正統派的猶太教徒，完全嚴格恪守著古老傳統的猶太教律法，拉比的建議近乎神聖，並且必需亦步亦趨地遵循；崇尚自由的改革派猶太教徒，對傳統律法的遵循則靈活許多，拉比的回答被當作是精神上的指引，但留下信徒自行解釋的空間；傾向傳統、屬於保守派的猶太教徒則在兩者之間，對於猶太律法的詮釋比正統派的猶太教徒開放，但拉比的權威則比改革派的更具規範性。

作為《妥拉》的詮釋者，教育是拉比的首要責任。在猶太社團中，永遠都有一間研習屋位於猶太會堂的旁邊，甚或就在其內。事實上，在猶太教中，最重要的是研習《希伯來聖經》，除了改革派教徒重視先知們的著作之外，《希伯來聖經》的學習，主要指的就是摩西的《妥拉》五書。依據神聖誡命的要求：這律法書總要「晝夜」思想（約書亞記1：8）。數世紀以來，學習的主要依據，就是幾位猶太教大師所做的注解，亦即最珍貴的口傳《妥拉》，如此稱呼是為了與摩西的書面《妥拉》作出區別，而它們也收錄於猶太教的另一本基礎典籍《塔木德》之中。

## 《塔木德》——詮釋之書

依據猶太教傳統，書面《妥拉》與口傳《妥拉》是同時間於西奈山上由神向摩西口授的，這既是對盟約律法的解釋，也是神聖啟示的一部分。換句話說，神聖啟示與它的解釋是缺一不可的，想要了解神聖啟示，就絕對少不了它的解釋。而這個解釋長久以來，只由師徒之間口耳相傳，為了保存這個傳承，猶太教大師逐漸用文字將書面《妥拉》的解釋記錄下來。

這個進程從公元二世紀時的《密西拿》文獻開始，文獻中收集了大師對於猶太人在宗教和社會生活等規則上所做的決定。《密西拿》後來成為《塔木德》的骨幹，是一旦涉及猶太法律，亦即「哈拉卡」的規則定義時，一定會參照的首要文獻。公元四世紀時再加入《革馬拉》，這是後來的大師們注解《密西拿》的評論合集，這些文章裡再現了大師之間的討論，每位都依據對《希伯來聖經》的深刻了解，一一闡明《密西拿》中這些決定的涵義及其重要性。這個步驟剛好就是《塔木德》這個字希伯來文字根的最佳注解，意思就是「學習」或「澄清」。

正如公元六世紀時的設計，《密西拿》和《革馬拉》構成了《塔木德》的內容基礎。但今天我們所看到的《塔木德》，其形式又因增加了中世紀時猶太智者的評論而更加豐富，尤其是十一世紀住在法國特魯瓦的辣什拉比所做的評述。《塔木德》是希伯來思想的集結，是所有想依據摩西《妥拉》律法忠實生活的參考書，其地位則因猶太教不同派別而有所差異：正統派視《塔木德》裡大師所做的決定，為近乎神的話語般神聖；改革派則認為，這些決定是因應特定的情況和時代背景，不能一概而論。

然而，不論猶太教賦予《塔木德》多少權威，這部對《妥拉》的百科式論述，仍舊是問題多於解答的一部書。因為《塔木德》在猶太教的至高點上，體現了口傳《妥拉》的特點，亦即持續不斷地更新猶太人對《希伯來聖經》的了解。所以，直至今日，《塔木德》仍是猶太教取之不盡、用之不竭的活力泉源，學習它的方法，依然還是詮釋它。也因如此，我們可以毫無疑問地把猶太教視為詮釋經典的宗教。

# 第二部分　基督宗教《聖經》

這是世界上翻譯過最多次的經典，共計超過四百種語言，如果再加上部分內容使用不同方言來翻譯，數量甚至超越兩千三百種。它也是發行量最大的書，一年超過四千萬本。但它也是一部大部頭的著作，因而以閱讀完整部著作來衡量，它一定不是被讀得最多的。而這座「圖書館」，一千六百年來未曾改變，裡面囊括了超過七十本書，由兩個大項組成，也就是自公元一世紀起所謂的《舊約聖經》和《新約聖經》。前者集合了耶穌出生之前源自猶太人的文本，後者則是基督宗教初期所寫的文獻。

猶太教《希伯來聖經》和基督宗教《聖經》彼此產生差異的原因留待後面討論，這裡還有另一個值得注意的不同之處，就是新教的《舊約聖經》與天主教及東正教的《舊約聖經》並不相同。基本上，天主教和東正教使用的《舊約聖經》是由《希伯來聖經》組成，但還附加幾本額外的書，而新教的《舊約聖經》，則只限於《希伯來聖經》。但這並非重點所在，因為對所有的基督宗教《聖經》來說，《舊約聖經》都是相同的。之前，在本書的第一部分，我們已經看過《希伯來聖經》的文獻，接下來讓我們先介紹在天主教和東正教傳統中，被選中的那些附加書籍。

# *1.* 文本

## 《舊約聖經》

在基督宗教《聖經》中，《舊約聖經》分成四個部分：第一部分集合了《妥拉》裡的五本書，沒有任何的增添，稱為「五經」，其標題來自希臘文 Pentateuque（這裡是法文拼法，英文拼法是 Pentateuch），又稱為《五書》或《摩西五經》。它們分別是《創世記》、《出埃及記》、《利未記》、《民數記》和《申命記》；第二部分命名為「歷史書」，裡面匯集的書一部分屬於《希伯來聖經》中的「前期先知書」，包括了《約書亞記》、《士師記》、《撒母耳記》、《列王紀》；而另一部分則來自

《聖錄》中的《以斯帖記》、《以斯拉記》、《尼希米記》和《歷代志》。在《以斯帖記》中還增加了《希伯來聖經》中沒有的部分：《多俾亞傳》、《友弟德傳》、《瑪加伯上下》。（這三本書未收入新教的《舊約》，因此此處採用天主教思高本的翻譯。）

富教育性、啟發性的《多俾亞傳》，描述著多俾亞是如何依靠對神的信心，使得失明的老父親重見光明；《友弟德傳》則像史詩，我們可以看到這位既美麗又虔誠的年輕寡婦，在身陷重圍的同胞中一馬當先，透過她的機智和美色的誘惑，贏得了對亞述人的勝利；相反地，《瑪加伯上》和《瑪加伯下》則對歷史本身較感興趣，敘述公元前二世紀時，猶太人為了恢復政治與宗教上的主權獨立，齊起反抗亞歷山大大帝的接班人塞琉古一世的統治。《瑪加伯上》側重歷史的敘述，《瑪加伯下》則為這場戰鬥添加宗教意義。

《舊約聖經》的第三部分由「詩歌智慧書」組成：包含一部分在《希伯來聖經》

中屬於《聖錄》的書，有《約伯記》、《詩篇》、《箴言》、《傳道書》、《雅歌》，以及《希伯來聖經》中所沒有的《智慧篇》和《德訓篇》。《智慧篇》以長詩的方式呈現，一般都認為作者是所羅門王。但是，這個文本是一位猶太人於公元前一世紀時以希臘文寫成，想必作者意圖藉著這位偉大智者的加持，展現猶太人之神的高超智慧超越了希臘的哲學家們。寫於公元前三世紀和公元前二世紀之交的《德訓篇》，成篇時間較早，但也有相似的精神，因為當時在塞琉古帝國的統治下，希臘文化日漸滲入猶太社會之中，因此作者耶穌·便·西拉，特別強調尊敬摩西神聖律法的重要性。

《舊約聖經》以《先知書》作為結束，這第四部分包含了《希伯來聖經》中屬於「後期先知書」的《以賽亞書》、《耶利米書》等，以及來自《聖錄》中的《但以理書》和《耶利米哀歌》，並在《但以理書》中再增加了部分內容，最後還有《巴路克書》。《巴路克書》是公元前六世紀，猶太人遭到流放之後寫於巴比倫的，它的作者自稱是先知耶利米的祕書，但更可能的成書年代應該是公元前二世紀。此書的重點在於，它呈現出當時四處分散的猶太社群，如何心繫耶路撒冷，並努力維持著他們的身分與宗教生活。

這些只出現在某些基督宗教《聖經》中但又源自猶太教的文本，彼此之間是否有共同點呢？目前我們所見最古老版本為希臘文，在死海手稿中，我們只找到一些希伯來文或亞蘭文（或稱阿拉姆語）的片段。天主教傳統稱其為《次經》（或稱次正經、旁經、後典、外典），因為它們被視為間接源自猶太傳統，相對於原本就保留在《希伯來聖經》中的文本，重要性也就偏低。此外，這些文本中絕大部分很可能是寫於公元前三世紀到公元前一世紀之間，而任何《希伯來聖經》中的文本都不是在這個時期寫成。因此，這些書在某些《聖經》的版本中，被排列於《舊約聖經》與《新約聖經》之間，稱為「兩約之間文本」。

## 《新約聖經》

這一部分的《聖經》，匯集了耶穌逝世後第一個基督宗教團體的著述，按照順序，裡面包含了講述耶穌生平的四卷「福音書」；敘述第一個基督宗教團體之始的《使徒行傳》；以及使徒寫給教團的書信，稱為「新約書信」，尤其是使徒保羅所寫的「保羅書信」；最後還有約翰的《啟示錄》，通篇就像是對世界末日所作的預言式冥思。

後面我們會再談到，公元四世紀末時，這些創教經文為何會被教會選入正式名單（「正典」）中。也在同一時期，這些經文被認定為《新約聖經》，而希伯來文經文則成為《舊約聖經》。但在繼續討論之前，為了了解如此區分的意義，必需先闡明新舊約的這個「約」字，它是一個希臘字的拉丁文翻譯，意為「合法的協議」，而這個字本身又源自希伯來文的「聯盟」，正如我們在本書的第一部分所看到的，神與以色列之間建立的盟約，對希伯來人的歷史認同起關鍵作用。

基督徒選擇了這個「盟約」，從此以「新以色列」自居。也就是說，他們是神與之重新結盟的新人民。我們要記住這個觀點上的改變，才能夠更適切的理解《新約聖經》的經文在宗教上所涵蓋的廣度。而早期基督徒，就像耶穌一樣，他們也是猶太人，故《新約聖經》經文中多次引用《舊約聖經》，並從中提取證明來支持他們的「新聯盟」概念。而「新聯盟」這個措詞或許比「新約」更為恰當。

## 福音書

「福音書」可算是基督宗教中最重要的文本，因為它們的內容直接與耶穌的生平和傳道有關。那麼誰是耶穌呢？依據福音書的記載，耶穌誕生於伯利恆，這是一座非常具象徵意義的小鎮，因為大衛王也在這裡出生。但是耶穌的童年直到成人的大部分時光，都是在加利利地區的拿撒勒度過，並在那裡接受了很扎實的宗教教育，這麼說是因為他的《希伯來聖經》知識十分淵博。至於他的公開活動與公眾生活，則是從遇見「施洗者」約翰開始。「施洗者」約翰是一位隱居在沙漠中的隱士，總是勸人悔改，因為根據他的說法，最後的審判之日即將到來。

接著耶穌開始他持續將近三年的傳道，在此期間也找到了他最早的十二位門徒，並與他們一起在加利利地區縱橫跋涉。這個時期有兩個特別重要的事件：首先，耶穌被描述成一位能行幻術的大師，能夠創造許多奇蹟，尤其能以戲劇性的方式治癒病患；再者，他嚴正的批評法利賽人，譴責他們的虛偽，而法利賽人就是摩西律法的守護者，同時他也批評耶路撒冷聖殿的祭司——撒都該人，指責他們從獻祭儀式中獲取豐厚的商業利益。也就是在撒都該人的要求下，耶穌被指控在人群中製造混亂，最終在他來到耶路撒冷慶祝逾越節時被捕，由當時的統治者羅馬人定罪，並處以十字架的酷刑。

但福音書中追溯耶穌歷史的方式，與今天的歷史學家為重要人物撰寫生平不同，這些文本的寫作年代，是在公元一世紀的下半葉，當時，所有跟事件有關的直接證人都已不存。福音書中關於耶穌復活的記載，成為首批信徒的信仰焦點。就如同信仰的證言般，福音書宣說著復活的「好消息」（福音書希臘文的原意），而這四本敘述耶穌生平的文本，也就在這裡畫下了句點。

對信徒來說，耶穌的復活證實了他就是猶太教《希伯來聖經》裡預示的「彌賽亞」（希臘文為Christos），同時也是「神的兒子」。寫作福音書的主要目的，就是為了說服那些抱持懷疑態度的人，也為了加強早期基督徒的信念，好走上這條由耶穌基督所帶來的新的救贖之路。每一部福音書的寫成都有自己的獨特方式，因為它們的主要依據，是早期門徒在不同社團中的傳道經歷，而每個社團對耶穌在生活中最具有重大意義的教誨、事件有著不同的選擇，所以也影響了每一部福音書的結構。

由於福音書的編寫者是在不同的傳統中汲取養分，所以連他們所描述的事件也不盡相同，例如：只有《馬太福音》和《路加福音》敘述了耶穌的童年；而且，即使在如耶穌的處死和復活這樣的重要事件上，故事的敘述也經常出現分歧。總之，福音書並不是一份官方文書，它們建構在循序漸進的戲劇性進展上，重點放在傳道者耶穌四處巡遊布道、歷時近三年的活動，並在耶穌復活不久之後結束。

在《新約聖經》中，四本福音書依序是《馬太福音》、《馬可福音》、《路加福音》和《約翰福音》。因為前三本福音裡面有許多相似的段落，所以有時又被稱為符類福音或對觀福音（在希臘文原意為「一起看，一起觀察」的意思）。相反地，歸於約翰所寫的福音，則不論在形式上，以及對耶穌的描述上都有所不同。這裡，我們先從《馬可福音》開始探討，之所以如此選擇，有兩個原因：其一，從基督宗教信仰的角度來看，它是最全面的，沒有遺漏任何重要事件；另一方面，對歷史學家來說，這是第一本寫成的福音書，而且很有可能作為範本，被《馬太福音》和《路加福音》所參考。對從未讀過福音書的人來說，先從《馬可福音》開始，應該算是最好的選擇。

依據基督宗教的傳統說法，馬可與耶穌選定的十二門徒之一使徒彼得，非常親近。這部福音書的寫作，是從使徒彼得在羅馬被處決之後開始，當時的羅馬皇帝是尼祿，時約公元六十五年。《馬可福音》的敘述靈感完全得自使徒彼得的證言，而且對象不再以猶太人為主，因此，與其他的福音書相比（尤其是《馬太福音》），較少引用《舊約聖經》。為了向羅馬人展現耶穌的強大力量，並說服羅馬人相信他的神聖性，馬可特別強調耶穌的神蹟，在述及耶穌被釘上十字架這一段時，他引用了一位羅馬百夫長的感嘆：「這個人真的是神的兒子！」

## 耶穌開始傳道

〔……〕耶穌來到加利利，宣傳 神的福音，說：「日期滿了，神的國近了。你們當悔改，信福音。」〔……〕（耶穌和他的門徒）到了迦百農，耶穌就在安息日進了會堂教訓人。眾人很希奇他的教訓；因為他教訓他們，正像有權柄的人，不像文士。（馬可福音1：14－22）

（和合本譯本）

一般認為，由馬太所寫的《馬太福音》，篇幅較《馬可福音》長，背景也完全不同。《馬太福音》寫於公元八十年前後，當時基督宗教與猶太教兩個社團之間，正處於非常尖銳的緊張情勢之下，這也是猶太教和基督宗教最終的決裂時期。公元七十年，猶太教徒因耶路撒冷聖殿遭到羅馬軍團的毀滅，試圖依據摩西律法重新組織。這部福音書引用了非常多的《舊約聖經》，想要藉此證明耶穌確確實實就是「彌賽亞」，也用很長的篇幅敘述耶穌的教誨是以摩西律法作為依據。但跟《約翰福音》一樣，《馬太福音》對於耶穌與自視為摩西律法守護者撒都該人（猶太官方的領導）、法利賽人之間的衝突，有著相當嚴苛的批評。

## 最重要的誡命

法利賽人聽見耶穌堵住了撒都該人的口，他們就聚集。內中有一個人是律法師，〔……〕就問他說：「夫子，律法上的誡命，哪一條是最大的呢？」耶穌對他說：「你要盡心、盡性、盡意愛主你的神。〔……〕其次也相倣，就是要愛人如己。這兩條誡命是律法和先知一切道理的總綱。」（馬太福音22：34－40）（和合本譯本）

與《馬太福音》寫於同一時期的《路加福音》，作者路加是使徒保羅（我們之後很快就會提及）的弟子，他很有可能不是猶太裔。所以，他的寫作對象是跟他一樣接受希臘文化的讀者。路加期許自己能夠更富有歷史性，所以他按照時間順序詳盡闡述耶穌的生活，也比別人多記載了耶穌出生時的情況。在《路加福音》的記載裡，耶穌關懷那些遭到社會排斥的人，由此也見證了神的悲天憫人。書裡還記有大量的寓言，都是耶穌為了使人能更加理解他的話而用的比喻，其中最有名的就是：好撒馬利亞人和浪子回頭。

最後一本歸於約翰的福音書，跟另外三本福音書的共同點並不多。此書的成書時期可以確定為公元一世紀末期。依據基督宗教的傳統說法，身為耶穌十二門徒之一的約翰，寫作地點是在以弗所（現今土耳其境內）。他的寫作年代，正值猶太人與基督徒開始分裂，在他的敘述裡包含了很多對猶太人的譴責。但若從他對早期基督徒闡述耶穌的信息和其神學意義的觀點來看，這本福音書無疑是最成功的。要做到這點，約翰在書中保留了幾個關鍵事件，而這些事件中，耶穌花了很長的時間，解釋他為世人帶來的救贖。在《約翰福音》序言裡有一段介紹耶穌的話，將帶給基督宗教深遠的影響，大意是：在人類的歷史裡，耶穌是神的化身，是「聖言」的顯化，是神的「道成肉身」。

耶穌說：「我就是生命的糧。到我這裡來的，必定不餓；信我的，永遠不渴。只是我對你們說過，你們已經看見我，還是不信。凡父所賜給我的人必到我這裡來；到我這裡來的，我總不丟棄他。〔……〕差我來者的意思就是：他所賜給我的，叫我一個也不失落，在末日卻叫他復活。」（約翰福音6：35－39）（和合本譯本）

## 《使徒行傳》

《使徒行傳》是路加的作品，原是他所寫福音書的第二冊。在這本書裡，路加以歷史學家的視角，敘述在使徒的推動下，最早期的基督宗教社團沿著地中海，從耶路撒冷直到羅馬的誕生和發展。使徒這個字源自於希臘文的「派遣」，指的是耶穌復活後派遣他的門徒出使任務，去對「萬國萬族」宣講好消息。這些使徒也完全無愧於他們的稱號，其中有兩位貫穿路加書中，這兩位重要人物就是彼得和保羅。

## 五旬節那天

五旬節到了，門徒都聚集在一處。忽然，從天上有響聲下來，好像一陣大風吹過，充滿了他們所坐的屋子，又有舌頭如火焰顯現出來，分開落在他們各人頭上。他們就都被聖靈充滿，按著聖靈所賜的口才說起別國的話來。（使徒行傳2：1－4）（和合本譯本）

《使徒行傳》的記載從派遣門徒出任務，耶穌的升天，到五旬節當日，聖靈降臨在門徒身上引領和支持門徒開始；接著介紹耶路撒冷初期教團如何組成，以及猶太官方的迫害。就在這一段，大數的掃羅（本名掃羅，出生於大數）出現了，他在前往著名的大馬士革之路上歸信後，成為基督徒，也就是之後的保羅。保羅對傳道的熱心，都由他傳教之旅的同伴路加深入詳細的記載下來，也使得保羅被公認為耶穌基督的使徒之一。

但保羅一路行來並非一帆風順，路加的記載裡，就特別提到他跟耶路撒冷教團的辯論，也就是所謂的耶路撒冷會議。耶路撒冷教團的負責人是雅各，他們堅持外邦人要成為基督徒必需遵從猶太傳統，例如飲食規則和割禮等；而被奉為「外邦人（非猶太人）」使徒的保羅則主張，不需要用這些猶太傳統來增加阻礙；彼得則似乎被兩派僵持不下的論據夾在中間。除了對早期基督宗教教團生活的詳細記載之外，路加的作品還有一個重點，那就是它凸顯了基督宗教從公元一世紀開始，就已分成各自不同的派別，並且彼此之間也偶有激烈的爭執。

## 新約書信

新約書信的大部分內容都是使徒寄給基督宗教教團、地方教會的信件，除了某些信件精確指示要給特定的教團，其他的看來則針對更廣泛的對象。其中只有《希伯來書》沒有提及作者名字，其餘信件都歸於某位特定作者：保羅、雅各（很可能是耶穌的兄弟）、彼得、約翰和猶大。這些書信裡談及的主題五花八門，小到對教團生活的簡單建議，大至回歸真正基督信仰的忠告等。

這些信件的重要性在於闡明了基督宗教教義最初的基本原則，其中占最大宗的當屬保羅的書信，剛好是十二卷（一般認為「保羅書信」共十三卷，《希伯來書》也算的話，就有十四卷），這個數字非常具有象徵意義，因為它對應了以色列的十二個支族，以及經常被稱為「十二門徒」的耶穌首批門徒。但是大多數歷史學家認為，這些書信並不完全是保羅所寫，只有寫於福音書之前的《羅馬書》、《哥林多前後書》、

《加拉太書》和《帖撒羅尼迦前後書》，可以肯定是保羅的作品。

**對耶穌復活的信念**

〔……〕就是基督照聖經所說，為我們的罪死了，而且埋葬了；又照聖經所說，第三天復活了，並且顯給磯法看，然後顯給十二使徒看；〔……〕既傳基督是從死裡復活了，怎麼在你們中間有人說沒有死人復活的事呢？若沒有死人復活的事，基督也就沒有復活了。若基督沒有復活，我們所傳的便是枉然，你們所信的也是枉然……（哥林多前書15：3－14）（和合本譯本）

身為基督宗教的第一位大思想家，保羅經常充滿熱情，一封接一封地藉著書信解釋他的想法。他的論據都圍繞著一個中心思想，那就是：僅僅依靠對猶太律法（摩西的《妥拉》）的尊重，是不可能得救的，唯有對死裡復活的耶穌基督懷抱著信心，才能夠得救。如果我們只能從保羅的書信中揀選一本閱讀，那就非他寫給羅馬人的《羅馬書》莫屬。因為在此書中，他相當徹底地闡述了自己的想法。然而，閱讀新約書信並非易事，因為自這個時期起，基督宗教思想的精細微妙，已經開始讓門外漢覺得複雜難懂了。

## 《啟示錄》

這是《新約聖經》中最奇異的一段經文，幾個世紀以來，它裡面蘊含的謎語，令神祕事件的愛好者為之著迷，像著名的「啟示錄之獸」，其名字就隱藏在具毀滅性的數字「六六六」之中。這本書的文學類型，屬於一種在公元前幾個世紀的猶太教和公元一世紀的基督宗教教團中都非常盛行的「啟示性文學」。它們的共同點在於「揭示」（即希臘文「啟示錄」這個字的意思）末日到來時的景象，而且在末日之前，永遠都有一場正與邪之間的激烈爭鬥，當然，邪惡勢力的失敗是必然的。

本書的寫作對象是當時遭受迫害的教團，它們一心希冀著基督的光榮回歸能夠早日來臨。對專家來說，此書的作者可能不是使徒約翰，但肯定受到他的啟發。書中主要由一系列預言式的異象組成，並大量的引用《舊約聖經》來佐證。它們像是神聖的啟示，來確保並且安慰基督徒，雖然正在遭受殘酷考驗，但邪惡終將失敗，神國的建立亦將結束所有的痛苦。除了這些輝煌的異象，本書的重要性在於呈現早期基督徒對於未來、對死亡之後的幻想。全書的語氣令人想起《舊約聖經》中的先知，也讓人想起《古蘭經》，因為其中好些段落，與《古蘭經》都處於同一預言式的脈絡之下。

### 天啟之後

他又對我說：「都成了！我是阿拉法，我是俄梅戛；我是初，我是終。我要將生命泉的水白白賜給那口渴的人喝。〔……〕

惟有膽怯的、不信的、可憎的、殺人的、淫亂的、行邪術的、拜偶像的，和一切說謊話的，他們的分就在燒著硫磺的火湖裡；這是第二次的死。」（啟示錄21：5－8）（和合本譯本）

# 2. 基督宗教《聖經》與歷史

《聖經》並不全然是從天而降的，這神聖啟示背後的故事，關於《希伯來聖經》也就是之後基督徒的《舊約聖經》，我們已在本書的第一段討論過。《新約聖經》在之前的章節中我們也已稍微提及。接下來，我們將更清楚指出《新約聖經》中每本書的起源，並且追溯最後導致「正典」形成的過程。所謂「正典」（希臘原文意為「量尺、規則」），就是一份書單，也就是說，唯有得到教會的認可，承認其內容忠實於使徒見證的書，才能列名於「正典」的名單上。最後，我們會再探討，基督宗教《聖經》能夠流傳至今的方法。

## 《新約聖經》的起源

耶穌和他的門徒都是猶太人，他們當時能夠參考的文本是《希伯來聖經》。《新約聖經》中經常提到的問題是：這是來自《聖經》的經文嗎？還是來自《妥拉》或《先知書》？不要忘了，基督宗教是從一群持不同意見的猶太教徒中產生的。早期的基督徒，是在猶太教《希伯來聖經》中尋找對耶穌使命的解釋，並從中確認他就是彌賽亞，也就是神對他的子民所承諾的救世主。這個對《聖經》的解釋，也成為創立早期基督宗教教團的使徒們傳道的基礎。

慢慢地，在口頭傳道的同時，很有可能也出現了多樣的書面寫作，這大多屬於零碎的片段敘述，集結的都是關於耶穌最特別、最顯著的回憶紀錄。在最後一位見證耶穌的目擊者離世後，為了確保這珍貴遺產的傳遞，福音書應運而生。從此，對耶穌生命中富有重大意義的言語、舉措的引述和參照，在教會的宗教活動中，占據了至關重要的地位，尤其是在紀念耶穌和十二門徒的最後晚餐、紀念他的死亡與復活，以及歸信者領洗並接受基督宗教信仰的教導。

大多數的歷史學家都認為，於第一世紀末時，至少四本福音書的寫作已經完成：馬可於公元七十年前後完成《馬可福音》；馬太的《馬太福音》、路加的《路加福音》（包括《使徒行傳》）則完成於公元八十到公元九十年間；約翰的《約翰福音》則完成於公元一百年前後。但當時已經有其他的文本在基督徒的社團之間傳播，由使徒寫給教團的新約書信就占了絕大部分，《新約聖經》中最早的著名文本，就是由保羅所寫的保羅書信，它們寫於公元五十年到公元六十三年之間。其他的使徒書信也是在公元一世紀中期到末期這段時間寫就，或最晚也於公元二世紀初完成。

列名於《新約聖經》中的這些編撰者，果真就是這些書的作者嗎？在這方面並沒有肯定的答案。基督宗教傳統認為寫作《馬太福音》和《約翰福音》的作者，就是耶穌最初十二門徒之中的其中兩位成員。但是，大多數的歷史學家卻不認同，他們認為較有可能的情形是，這兩本書的作者都是受到這兩位使徒傳道的啟發。在古代，把作品歸於一位享有盛名的人士，讓自己接續其傳承是常有的做法，並不會因此就被認為是偽造品。

相反地，對於馬可和路加所寫的福音書，專家們的意見則相當分歧，但都比較傾向於基督宗教的傳統觀念。同樣的不確定性也指向約翰的《啟示錄》，和很大一部分的新約書信，其中也包括了保羅的書信。專家們認為，歸於保羅的十二封書信中，有五封很可能不是出自他的手筆，它們的風格相當不同，但之所以都使用保羅的名字，是因為在整個內容上，相當接近保羅的思維。從教會的角度，作者的真偽倒不是最重要的，因為自一開始，正如之後我們會看到的，教會注重的是，這些都是名副其實的基督宗教文本。

## 正典的形成

這一千六百年來，基督宗教《聖經》的架構沒有任何的改變，就跟我們今天所看到的一模一樣。基本上，《舊約聖經》和《新約聖經》文本的挑選，在公元二世紀末時就已固定。然而，如果非得要建立一個正式的書目，是否意味著尚有其他文本的存在？尤其是福音書，它們對於耶穌教導的記載，與後來列入正典中的文本有著明顯的差異。

## 次經福音書

很多寫於公元二世紀的文本並未被選入正典內，並且為了與正典作出區別，將它們稱為次經。裡頭有些看起來精采的內容，是試圖填補耶穌生活的空白，並留下一些蛛絲馬跡，特別是關於聖誕節的馬槽，還有牛和驢子的記載；另外一部分的文本，則與早期基督徒的不同派別有關，尤其是猶太－基督宗教徒，以及諾斯底教派。有很長一段時間，這些文本是經由早期摒棄它們的基督宗教思想家的提及，大家才得以間接認識，幸好二十世紀考古學的偶然發現，幫我們找回了一大部分。

在第一時間就歸信的猶太－基督徒，雖承認耶穌就是彌賽亞，但認為有必要尊重摩西律法的所有規定。公元七十年，耶路撒冷聖殿被毀後，這群教徒開始被邊緣化，一方面，在公元一世紀與公元二世紀之交，猶太教的改革以法利賽派為主，法利賽派覺得，承認耶穌是彌賽亞的觀念和猶太正統不能兼容；另一方面，把基督徒驅逐出猶太會堂之舉，使得基督徒將傳教活動的對象轉向「異教徒」（非猶太教徒），從而使得對猶太根源的堅持，在新宗教中變得一無用處。

差異性更大的諾斯底教派也極具影響力，並且其影響遠遠超越公元二世紀。他們提出的觀念是：救贖之發生在於取得祕密真理的知識（希臘文的知識就是諾斯底派的字源），而此真知，基督只透露給鮮少的幾位入會者知道。這些深受希臘哲學家的玄學思想所影響的奧祕教誨，很快就受到頭幾個世紀的主教和基督宗教大思想家的批評和譴責，認為它們過於遠離使徒們的證詞。

## 第一次挑選

歷史學家找出一系列的證據，證明公元二世紀時，基督宗教教會的確以四福音書、《使徒行傳》和保羅書信作為參考書目。被視為首次提及四福音書之一的里昂主教愛任紐，於公元二世紀末在他的寫作中提到，他認為四福音書才是唯一、真正「神的福音」的見證。公元一五〇年前後，殉道者游斯丁也寫到，在當時的羅馬教會中，已經有人開始閱讀「被稱為『福音書』的使徒回憶錄」。

同一時期，也有各種想要將《聖經》規範化，如同之後基督宗教《聖經》正典的嘗試，但最後都遭到否決。像公元二世紀中葉，敘利亞的他提安，將四本福音書匯聚成一部作品，名為《四福音合參》，這個書名的希臘文原意為「四位一體」；之後，又有一位富有的船主，也是主教之子馬吉安，嘗試倡導他精簡到只剩下《路加福音》和數卷保羅書信的版本。他不但譴責連猶太教《希伯來聖經》也包括在內的所有其他基督宗教著作，並認定基督徒必須完全與猶太教的「假神」斷絕關係，因而最後遭到羅馬教會的驅逐。

但是，馬吉安的企圖，很有可能反而促成了最後基督宗教的正典，也就是《新約聖經》的形成。當時基督宗教的教義尚未統一，甚至還差得很遠。為了建立一個以當初創立的文本（福音書等）為主的共同核心，不斷增長的教派和它們的著作，都共同朝向這個方向邁進。

## 正典的決定

公元三九七年，各地主教齊聚一堂，於迦太基舉行了大公會議，建立了基督宗教《聖經》的正式書單，並決定：除了這些「正規化的經典之外，不得有任何書籍以

《聖經》之名在教會中宣讀……」。對於這次《新約聖經》的選擇，有一個基本原則，那就是：惟有古老的文本，並得到基督宗教教會的證實，才能夠確保其中使徒證詞的可靠性。

還有另一個因素也必然造成影響，那就是這些文本必需符合當時成立的基督宗教教義。但自公元三世紀末起，所有的討論都不再提及那些未列於最後清單之上的文本。只有約翰的《啟示錄》是唯一的例外，它在迦太基的大公會議建立正典時，恰好再度被拾起放入名單之中。至於《希伯來聖經》的經文，也被保存了下來，儘管相對來說，當時馬吉安和他的追隨者們還算為數眾多。關於這點，有兩個重要論據認為《希伯來聖經》的確有其保存的理由：一方面是政治性的考量，基督宗教教會當時狀態尚不穩定，需要連結猶太教，因為羅馬帝國當局只承認古老宗教；另一方面，則是為了更重要的神學理由，因為基督宗教是從猶太教《希伯來聖經》中汲取證據，來證明耶穌的確就是承諾給希伯來人民的彌賽亞，因此，很難就此跳過猶太教《希伯來聖經》不顧。事實上，正如聖奧古斯丁在公元四世紀末時所總結的一段話：「《舊約聖經》只不過是罩上一層紗的《新約聖經》，而《新約聖經》只是卸下面紗的《舊約聖經》。」

## 跨時代的基督宗教《聖經》

在十五世紀印刷術發明以前，古典時代，《聖經》一直是由抄經員抄寫，到中世紀時則改由僧侶負責。但問題是它們之間總是有些出入，特別是《舊約聖經》。因而關於基督宗教《聖經》的傳播，首先要提及的就是翻譯的歷史。

### 七十士譯本

自從基督宗教信仰在地中海沿岸擴散開來後，最初那幾個世紀，基督徒的語言，已經因應當時的主流文化變成希臘文。因此，第一本從猶太教《希伯來聖經》翻譯而來的希臘文《舊約聖經》——「七十士譯本」應運而生。這名稱來自一則或多或少帶點傳奇色彩的傳說，據聞將這本由希伯來文翻譯到希臘文的《聖經》，歸功於公元前三世紀，齊聚於亞歷山大港的七十位猶太智者。

在當時已經忘失希伯來語的地區，這本《聖經》成為當地猶太社團所使用的《聖經》，其中還包括了一部分在猶太教《希伯來聖經》正典中未被選入的書。這裡所提及的猶太教《希伯來聖經》的正典，是於公元一世紀末時，法利賽派的拉比為了提振猶太教，以摩西和先知的律法為核心所建立的。這些未被選入的書裡頭有一部分，可以在基督宗教（天主教和東正教）的《聖經》中找到。

**武加大譯本**（又譯拉丁通俗譯本）

原先使用希臘文編寫的基督宗教《聖經》，包括《舊約聖經》和《新約聖經》，當西羅馬帝國不再使用希臘文時，又被翻譯成拉丁文版本。但在這些不同的翻譯之間出現了一致性的問題。所以公元四世紀末，在當時教宗達瑪穌一世的要求下，耶柔米嘗試再次將《聖經》從希臘文本翻譯成拉丁文。在翻譯過程中，他發現了希臘文版本《舊約聖經》中的一些漏洞，便著手從希伯來文經文中尋找「經文的真相」。因此，耶柔米的版本，反而更接近原來《舊約聖經》的猶太來源，最終成為西方基督徒所使用的《聖經》，在公元八世紀時被稱為「武加大譯本」，並且也是公元一四五五年，古騰堡印製的第一本書。另一方面，希臘文的七十士譯本則作為《聖經》的參考本，並仍在東正教教會中使用。

## 歐洲語言版《聖經》

公元一五四六年，在特倫托會議期間，天主教教會決定尊崇武加大譯本為「完全官方與正宗」的版本，但因印刷術的發展和新教的改革，使其想掌控《聖經》傳布的意願受阻。公元一五三四年，修士路德提出了德文版的《聖經》譯本，其中《舊約聖經》的部分譯自唯一的希伯來文本，而《新約聖經》則譯自希臘文本。對這位新教的創始人來說，每一位信徒都應該能夠直接與神的聖言對話。然而，天主教教會認為，為了能夠依照傳統忠實的解釋經文，還是應該由神職人員來扮演說明《聖經》經文的角色。

在新教教徒的推動下，公元十六世紀到公元十七世紀間，翻譯成歐洲語言版本的《聖經》如雨後春筍般出現。有些翻譯自武加大譯本，尤其是天主教教徒；其他的則依照希伯來文本的《舊約聖經》，以及希臘文的《新約聖經》來翻譯。這個譯經運動主要依據尋找出的古代手稿，並且也因為文本之間的相互比較，而開啟了文本的分析工作，有點像公元四世紀末時耶柔米所做的一樣，嘗試找出最接近真實的原始版本。

我們等等將會講到，十九世紀時翻譯風潮再起，其借助於現代科學的關鍵性做法，在二十世紀對於《聖經》的重新解讀，起了很大的作用，特別是關於經文的真實性。這次的翻譯，將專業的研究成果列入考慮（古語專家、歷史學家、考古學家……）。且絕大多數的研究，經常都在宗教機構的監督之外進行。與此同時，因為基督宗教《聖經》的傳播方式已然改變，成為一般大眾化的市場行銷書籍，翻譯與出版的大量印製發行，也常讓潛在的讀者掉入「好」版本的選擇困境。

# 3. 基督宗教《聖經》的地位和詮釋

在所有的教會中，《聖經》經文一直以來都是基督宗教信仰的基石，那是理解神的計畫，以及基督徒使命源源不絕、無窮無盡的意義泉源。也因此，《聖經》在基督宗教社團中，無論是宗教信仰，還是在宗教生活上，都發揮重要的作用。從最初幾個世紀開始，《聖經》就在禮拜儀式和慶典中占據中心位置，事實上，這個傳統早在最初的基督宗教社團就已經開始實施。當時是受到猶太教的禮儀所啟發，因為猶太社團通常會在安息日那天齊聚在猶太會堂中，並會誦讀一段《妥拉》經文，再加上一段評述。

因此，在天主教徒舉行聖餐禮的禮儀（彌撒）時，或是新教、甚至東正教的聖餐禮中，也總是會在會眾前高聲誦讀《聖經》，但彼此之間做法並不一致，例如：天主教的《聖經》誦讀會分成三段：首先由一段《舊約聖經》開始，接著是從新約書信或《使徒行傳》中選取一段，最後由四福音書其中一本的章節作結束；但是，新教的教會在這個返本溯源的儀式之後，伴隨著的是一段講道，內容會依據基督宗教教團現今的情況，為儀式賦予新的意義。聖餐禮儀的舉行，主要依靠的就是堅定的信仰，而這可以回溯到基督宗教傳統信仰的源頭：《聖經》是神對祂的人民所宣說的話語。

## 受到啟發的經文

基督宗教堅信《聖經》的的確確是神所說的話語，這個信念是築基在對神聖靈感的信心上，亦即《聖經》經文的神聖靈感。如同猶太教對於摩西和先知的律法一般，基督宗教從一開始，就視《新約聖經》的經文為受到啟發的經文，注重耶穌復活之後，聖靈降在使徒身上的作用。公元二世紀末，當時的里昂主教愛任紐，特別強調經由使徒所傳遞的福音書的權威，宣稱「經由聖靈的降臨（……）他們充滿了信心，完全確信自己了知一切，並且擁有所有最完備的知識。」

一些早期被稱為教會之父的偉大基督宗教思想家，甚至更進一步保證《聖經》的神聖權威性，認為《聖經》是由聖靈口述而成。公元六世紀末，教宗額我略一世發出聲明如下：「憑藉著信心，我們相信這本書的作者為聖靈，本書是由祂所寫，由祂口述……。」由此產生基督宗教的堅定信念，毫不動搖地相信《聖經》絕對不會有任何的差錯，直到文藝復興時期開始有了轉變。

自文藝復興時期起的不少改變，將留待下一段我們探討《聖經》經文真實性的問題時再說。但對於《聖經》是神聖啟示的信念，依然是所有的基督宗教教會的基礎，即使不再逐字逐句、每個句讀都神聖化，但神聖經文依舊神聖。

## 經文的真實性

導致基督徒重新審視《聖經》經文真實性的兩個事件，第一是現代科學的出現：在哥白尼（一四七三至一五四三）之後，伽利略（一五六四至一六四二）又再一次地證明了地球圍繞著太陽轉動，這樣一來使得這些傳承自古代，並且已經藉由《聖經》流傳許久的相反說詞，難以繼續為人所信。隨著時代演進，這樣的困難與日俱增，在生物學家達爾文（一八〇九至一八八二）解釋生命進化過程時，對於經文的真實性產生了巨大的衝擊，並在今日宇宙緣起的「大爆炸」理論中，達到頂點。這個與現代科學的對峙局面，改變了基督徒尋找和理解《聖經》真相的方式，他們繼續尋求《聖經》的真義，但不再把裡面所有的故事都當真。例如《創世記》，除了基督宗教的基本教義派，這個古老的開天闢地的故事，今天已被認為只是一個神話傳說，只是賦予人類歷史意義的故事。但我們不能忘記，對基督徒來說，這個故事依然來自神聖靈感，它指出神在《創世記》中交代了祂創造人類的意義，只是沒有描述製造的過程……。換句話說，《創世記》中的敘述雖不科學，但對信徒而言，它的神聖靈感，確保了它的確傳達的是神學真理，並為世界和人類的存在賦予了意義。而第二個事件的啟動，則引發對《聖經》詮釋的重新解讀。這與上一節結尾提及的文藝復興時期有關，從文藝復興時期開始，對古代手稿的研究和比較的趨勢，產生了一個以更科學化處理經文的方法，叫做「歷史批判方法」，他們借助現代科學的幫助（歷史、考古、手稿日期、語言研究、古代敘事方式……），並且特別側重於呈現《聖經》文本產生的歷史進程。

這在基督宗教的範圍裡，引起了新一波的解經學（這個字源自希臘文，意為「解釋」），他們使用這個歷史批判的方法，透過將《聖經》裡的文本放回其產生的時代，以澄清它的意義。讓我們以《馬太福音》中，耶穌對信徒關於法利賽人的危險警告為例，自二十世紀中葉死海古卷的發現後，我們才比較能夠理解，耶穌時代裡猶太教不同團體的多元面向，而它們彼此之間，有時還會就《妥拉》和《先知書》的詮釋激烈爭辯。在此基礎上，歷史批判解經學得以確立兩件事情：其一，即使不完全贊同他們所有的想法，耶穌跟法利賽派是熟悉的。其二，《馬太福音》的寫作時間，是猶太教正圍繞著法利賽派重組時，在此過程中他們拒絕了基督徒。而此緊張關係，導致了基督徒信仰的不穩定，為了加強基督宗教團體的信念，這位或這些《馬太福音》的編撰者，肯定把耶穌與法利賽人辯論的話語放大強化了。而在了解這段時空背景之後，很難讓人相信耶穌真的像《馬太福音》裡所敘述的，曾經「詛咒」過法利賽人。由此產生另一種解讀，將歷史真相與此神聖的譴責並置，從而透過歷史真相來看這個被神聖化的譴責。而這個新的詮釋，在二十世紀平息基督徒與猶太人的關係中也具舉足輕重的份量。

## 詮釋的權威性

如果《聖經》經文的表達，其真理並不總是那麼明顯，又完全無可爭辯，那麼，有一個問題一定不可避免會被提出，也就是：誰有這個權威來決定《聖經》意義的對錯呢？這個問題跟基督宗教本身一樣的古老，因為正如《使徒行傳》裡所證明的，從一開始就有人提出這個質疑。到了近代，這個問題尤其在新教的宗教改革時，造成最大的反彈，事實上，依據路德的觀點，權威唯獨在《聖經》自身，但也唯有在聖靈的推動下，才可以湧出基督宗教信仰的真理，因為，聖靈既為《聖經》的啟發者，也是《聖經》詮釋的指引。

天主教和東正教教會，也贊同聖靈雙重身分的概念。然而，與新教相反，他們並不認同把《聖經》放在絕對的首要位置，他們認為《聖經》在基督宗教信仰中，仍然是主要的權威沒有錯，但它的詮釋，則需要依據由最初幾個世紀的教會之父所形成的傳統（天主教稱為聖傳）。在天主教來說，這甚至是一個教條，他們視《聖經》與傳統，都是由相同且唯一的源頭——神所啟發，並透過聖靈在人類歷史上所行的事蹟之結果。

即使是神聖的啟發，但作者卻還是人類，有著人類的限制。公元一九九三年天主教宗座《聖經》委員會，有一份題為《教會中聖經的詮釋》的文件，就像在這份文件中所做的總結一般：「神的永恆話語具體體現在歷史上的特定時期，在一個社會和文化環境都非常確定的時期，誰渴慕聽到神的話語，就要謙卑地、在祂會讓人察覺到的地方尋找，並且接受必要的人類知識的援助。」總之，一個新的《聖經》詮釋，會被天主教教會當局接受或排斥，端賴它是否保持在由《聖經》和傳統所訂定的固定概念之內，而這個傳統也被認為是基督宗教信仰的神聖寶庫。

這是與新教教會最主要的區別，新教教徒並不一定放棄傳統，至少不放棄最早幾個世紀教會之父的傳統，但他們並不聖化傳統，因此，傳統在任何情況下，都不可能與《聖經》的權威性相提並論。這個概念在很大程度上解釋了特別崇尚閱讀《聖經》的新教教會的繁衍與擴散。因此，即使一些主要的新教教會，借助現代知識而更新了對《聖經》的詮釋，新教的基本教義派卻仍願意繼續閱讀《聖經》，並視《聖經》為神的口述，是一字不漏、包括標點符號都被完整抄錄下來的神的口述。如同所有宗教的基本教義派，猶太教、伊斯蘭教，甚至傳統天主教，都在現代科學的作用下，看到了對信仰造成威脅的根源，在他們看來，現代科學動搖了人們對信仰的堅定，帶來懷疑，從而削弱了信仰的根基。

## 耶穌真的存在過嗎？

今天，沒有任何一位嚴肅的歷史學家，會重新質疑耶穌存在的問題，因為有好幾位大致來說，是非基督徒作家的證詞被保存了下來，其中包括：猶太歷史學家弗拉維奧．約瑟夫斯，死於公元一世紀末（將近公元一〇〇年），在他的作品《猶太古史》裡，曾經提及耶穌。即使原稿現已遺失，相關的那段文字或許被抄寫員修飾過，但他的引文依然被認為是真實可靠的；還有公元二世紀初期的三位拉丁作家，小普林尼、塔西陀與蘇埃托尼烏斯，他們在寫到早期基督徒崇拜時，也間接的提及「基督」；稍晚，在猶太法典《塔木德》的幾篇敘述中，講到關於最初幾個世紀，猶太人和基督徒之間的爭議時，也提到了耶穌。

## 一段「話」，數本著作……

讓我們總結一下這段基督宗教《聖經》和它的歷史。首先是詮釋在基督宗教裡所扮演的基本角色，不要忘了，從一開始的基督宗教文本，也就是《新約聖經》，本身就是來自於雙重詮釋：一、特別在福音書裡可以看到，依據對耶穌復活的信念而對耶穌生平和教導所做的闡釋；其二，是對《舊約聖經》的解釋，早期的基督徒在《舊約聖經》中挖掘關於彌賽亞的論據，以肯定死裡復活的耶穌，就是應許給猶太人民的彌賽亞。

對基督徒來說，要了解《新約聖經》和《舊約聖經》，只能以耶穌的復活作為依據，來彼此對話、互相參照。因此，若以「書本宗教」來介紹基督宗教，會被大部分的基督徒認為太過狹隘，因為跟《古蘭經》相反，《聖經》不是一本書，而是一整櫃書。而且更根本的是，對於基督徒來說，這些不同的書，只是各以不同的方式證明，唯一的「神的話語」就是耶穌。

# 第三部分　《古蘭經》

# 1. 文本

這一千三百年來，穆斯林所擁有的唯一一本聖書，就是《古蘭經》。這本包含了所有伊斯蘭教根本教義的聖書，與《聖經》大不相同。首先，它不是歷史的記述，書裡沒有關於穆罕默德的生活紀實；並且，它不是以作者受神感召而寫的方式呈現，《古蘭經》從頭到尾記載的，都是神對祂選擇的信使所說的話語。對穆斯林來說，《古蘭經》的唯一作者是神，穆罕默德只是祂的使者。

再者，伊斯蘭教並不採用啟示的說法，而是使用「降示」這兩個字，依據《古蘭經》，神的話語經由天使加百列（吉卜利里）「降示」給先知。所以，《古蘭經》是由穆罕默德接收，並且記憶起來的神聖話語集結而成，記憶起來是為了能忠實再現給當時的人。在阿拉伯文裡「古蘭」的意思就是「念誦」，這就更加強調了《古蘭經》的基本特質，也就是說，它是一本經由口頭傳播的文本。而從《古蘭經》裡頭的許多篇章可以看出，神使用的語言是阿拉伯文，它是古典阿拉伯語的根源，所以，只有使用這個語言所闡述的《古蘭經》，才是真正的《古蘭經》，因而這個語言也由此被視為神聖的語言。

至今，全世界的穆斯林仍然以這最初的語言，學習並讀誦《古蘭經》的經文，他們認為，唯有這個語言才能夠讓人真正聽到，並且了解神聖的話語。自穆罕默德離世後，所有神的話語就全部集結在一起，成為這本唯一的書，裡面由被稱為「蘇拉」的一百一十四個章節組成，並以由多至少的方式排列，也就是說，從最長的篇章（蘇拉）開始，節節遞減至最短的篇章。只有第一蘇拉，也稱為開端章（法諦海）是唯一的例外，它的篇幅很短，以祈禱文的方式宣示信仰，有點像天主教的〈主禱文〉。

## 《古蘭經》的降下

我只本真理而降示《古蘭經》，而《古蘭經》也只含真理而降下，我只派遣你做報喜信者和警告者。這是一部《古蘭經》，我使它意義明白，以便你能從容不迫地對眾人宣讀它，我逐漸地降示它。（17：105－106，馬堅譯本）

## 《古蘭經》的困難之處

對絕大多數的穆斯林來說，《古蘭經》從天而降的方式是最完美的。但對非穆斯林來說，這個所謂與生俱來的盡善盡美卻不容易領會。因為缺少任何關於時間或是主題的排序邏輯，《古蘭經》的零碎與鬆散，使得它閱讀起來讓人感覺格外的困難。即使它的標題好似明指一個精確主題，但是大部分的章節又蘊含了千變萬化的內容，同時處理多個彼此之間沒有明顯關聯的題目。

而同一章節中文學形式的多變，更加深閱讀時的奇異感受，例如：一個充滿詩意的召喚，可能完全沒有預告，就突然接上一段聖經中的情節回顧，或者先知的囑咐，甚或語帶威脅的警告。大體來說，《古蘭經》的內容常是尖刻嚴厲的，除此之外，同樣的信息會經常性的以不同方式、在不同章節中反覆提示，這樣一再重複的特性，讓《古蘭經》的風格更增添了咒語的色彩。而其他語系的讀者，還必需借助翻譯本才能閱讀，所以更會因為無法感受原始語言的音樂性而感到迷茫，這原始語言的音樂特質，在需要經由背誦《古蘭經》而生的說服力中，扮演著重要的角色。總之，對一個門外漢來說，打開伊斯蘭教的聖典，就像一個城市人，突然被送到沙漠中一樣茫然，而且必定會立刻分不清東南西北，以致迷失了方向。

# 《古蘭經》的內容

讓我們再次強調，穆斯林信仰的精髓就在《古蘭經》之中，但是，是以分散的方式呈現。為了便於引介，我們以主題來分類，先從信仰開始，然後是實踐。然而請記得，這兩個面向在穆斯林宗教信仰中，事實上是不可分割的。

## 信仰

神在《古蘭經》中無所不在，這不容妥協的一神論，在經文中被不斷的肯定，並且不停的重複。這是穆斯林信仰的中心支柱：「真主，除他外，絕無應受崇拜的；他是永生不滅的，是維護萬物的。」（3：2，馬堅譯本）在閃族文化中，安拉（又譯阿拉）一直是統治其他神祇的神，而現在則成為絕對獨一無二，並且超越一切的神，沒有任何的生物、甚至令人崇拜的偶像，可以與之相提並論。這些在《古蘭經》許多段落中不斷提及的呼籲，最初是向穆罕默德時期的多神教徒貝都因人提出，同時也針對在《古蘭經》中被稱為「有經者」（People of the Book）的基督宗教徒和猶太教徒，它們同樣被譴責為多神教信徒。為何把猶太教列為多神教的原因並不清楚，但對於基督徒，則很明顯的指向基督宗教教義中三位一體，亦即一神分三（聖父、聖子、聖靈）的概念，「不要說：『三』，停止這樣做……」在《古蘭經》中祂反覆地要求。

「真主是天地的光明」（24：35），獨一無二的真主是盡善盡美的，祂的稱謂包括了崇高、有洞見、全能、全知和智慧；祂同時是統治者、忠誠者，也是保護者。但在這些之上，祂首先更是創造者，只有祂不是受造的，所有存在的一切，都從祂而來，也將回歸於祂。祂是「前無始後無終的」（57：3），一切從祂開始，也都隨祂結束。所以，關於死後復活和審判日的最終定奪，究竟可否通往另一個生命，在一個超越塵世如天堂般的花園中生活，都由神，其至高的審判來決定。

最後審判的主題貫穿了整本《古蘭經》，經文中無數次提及這最後的一日是「毫無疑義」（42：7）的，藉此來提醒信徒，他們所有的行為都會迎來最終的報償，而且神永遠信守祂的承諾。《古蘭經》中不斷的提醒：經由這降示給穆罕默德的神聖話語，神再次更新了祂曾與希伯來人民，以及基督徒之間的盟約。這個對人類的承諾，主要針對的是未來，因為在這塵世間的生命，到頭來只是幻覺而已。因此，神是唯一的、獨一無二的「救贖施予者」，對那些遵守盟約的人來說，在「伊甸園」的永恆幸福得到了保障；而那些毀約、背義的人，則將遭受永恆的「惡所」，也就是地獄的折磨和苦難。

但是，神是公平公正而且又寬容的，所有的蘇拉，除了第九章，都宣告著同樣的內容：「真主是至仁、至慈的。」這是因為人類，也就是古蘭經的信息所不斷傳送的對象，性格既脆弱又反覆無常，而且總是遺忘神聖的指示，尤其是對其中最重要的一則：不要把這唯一的神與其他神祇混在一起相提並論，就像這一段經文所描述的：

「他們忽略了諸天與大地之間多少的跡象？可是他們仍然（高傲地）避開它們！除非把（其他的偽神）與他（安拉）聯繫在一起（作為伙伴），他們大多數就不信安拉。」（12：106－107，仝道章譯本）

**讚頌安拉**

> 奉至仁至慈的真主之名，一切讚頌，全歸真主，全世界的主，至仁至慈的主，報應日的主。我們只崇拜你，只求你祐助，求你引導我們上正路，你所祐助者的路，不是受譴怒者的路，也不是迷誤者的路。
>
> （1，馬堅譯本）

為了把人類放回正確的道路上，慈悲的神，為他們派遣了先知，在《古蘭經》中時常以「那些會發出警告的」來描述他們。事實上，這些先知的主要任務，只為警告人們「相會之日」，也就是人與神相見那一日，在神的面前，他們的一切將無所遁形（40：15－16）。這些神的使者，穆罕默德的前輩，在《古蘭經》中占了重要的位置，他們也作為對神順服的表率。因此，真正的信徒叫做穆斯林，穆斯林就是「那個順從者」的意思，就像穆罕默德和先知們，他們真正地遵循由《古蘭經》所「規劃出的道路」，也就是伊斯蘭教法（音譯為沙里亞）。《古蘭經》在提出這伊斯蘭教法的同時，也一併提出信仰的規則與實踐時的建議。

**實踐**

《古蘭經》是伊斯蘭教所謂「五大支柱」（五功）的根源，這五大支柱是指：證信（信仰的證詞）、禮拜（謹守拜功）、齋戒（在齋戒月份期間禁食）、施天課（救濟窮人）和朝覲（一生之中到麥加朝聖一次）。第一部分的證信直接來自《古蘭經》：「安拉是唯一的真主，除了祂以外再沒有其他的主。」而傳統上會再加上第二部分的「而穆罕默德是安拉的使者」。禮拜的目的主要是為了崇拜神，並謙虛的祈求祂的原諒，依據《古蘭經》，禮拜必需一天重複數次，而且嚴格要求星期五應當參加社區祈禱，這在名為「聚禮（又稱主麻）」的章節中有明確的規定（62：9－11）。《古蘭經》中描述信徒「鞠著躬，叩著頭」（9：112），並要求他們做禮拜時「朝向聖寺（即天房〔克爾白〕）的方向」，聖寺位於麥加。

## 獨一無二的神

真主，除他外絕無應受崇拜的；他是永生不滅的，是維護萬物的；瞌睡不能侵犯他，睡眠不能克服他；天地萬物都是他的；不經他的許可，誰能在他那裡替人說情呢？他知道他們面前的事，和他們身後的事；除他所啟示的外，他們絕不能窺測他的玄妙；他的知覺，包羅天地。天地的維持，不能使他疲倦。他確是至尊的，確是至大的。（2：255，馬堅譯本）

《古蘭經》的一段經文強調，施天課特別旨在幫助貧困的、欠債的人，以及奴隸，這樣的做法可以淨化信徒。禁食的施行則是在賴買丹月（齋戒月）的期間，也就是《古蘭經》被降下的月份，從日出直到日落必需齋戒（2：183－187）。當然也有一些特別情況可以得到減免，但條件是，在之後非禁食的日子時要補回。至於到麥加朝覲，《古蘭經》中詳細說明，凡能旅行到天房的，人人都有朝覲天房的義務（3：97），從在一年裡的哪一個月份應該去，乃至規則與儀式都有明確規定，並且信徒仍然奉行至今。

除了這些宗教的指示，《古蘭經》在逐章逐節中，也闡明了不少關於在由信徒組成的社群裡，個人道德、家庭生活，乃至社會行為的規則。最重要的道德原則，相當接近於神向摩西所揭示的「十誡」裡的概要，那就是：信徒必需是公正的、善待家人、不殺人、不偷盜、不說謊或誹謗、不通姦。《古蘭經》也提及關於復仇的律法（「以眼還眼，以牙還牙」），依據當時閃族文化的判決，不可以施加超過所受傷害的懲罰。《古蘭經》也表達了關於飲食的主要禁忌，要戒酒、血和豬肉。

針對目前伊斯蘭教的喧囂情勢，有兩個主題，「吉哈德」和婦女的地位，值得在這裡稍作詳盡一些的解釋：吉哈德（某些情況下常被翻譯成「聖戰」）這個字的意思，是「作出努力」，為了一個明確的目標「奮鬥」，而且這條適用於所有信徒的指示，常在《古蘭經》中，與「在神的道路上」這個語詞連在一起。這個宗教術語，同樣適用於捍衛真正宗教的戰爭，或者為了強化社群、乃至信徒個人而努力，當然，前提是對於聖言的全然順服。就像《古蘭經》中的這段話所強調的：「一般歸信的人，是那些「用自己的財產生命，在安拉的道上出征的人」。（8：72，王靜齋譯本）

同樣有所差異的，就是《古蘭經》中對婦女社會地位的描述。正如我們在閱讀第四章「婦女」時很快就會注意到的，在經典中女人的確比男人低下。然而，在《古蘭經》中某些為婦女所立的法，卻也標示了這些法令在當時主流文化中的進步，例如：

繼承，女人得享男人的一半，在當時是前所未有之舉。但在婚姻中，女人仍有許多的義務必需順服，尤其是展現絕對的貞潔。至於直到今日還爭議不休的面紗問題，那是因為在《古蘭經》中，並沒有非常具體的說明女人該如何隱藏自己的魅力。

## 面紗

戴面紗通常是依據《古蘭經》中的兩段話而來的：「你對信女們說，叫她們降低視線，遮蔽下身，莫露出首飾，除非自然露出的，叫她們用面紗遮住胸膛，莫露出首飾，除非對她們的丈夫，或她們的父親，或她們的丈夫的父親，或她們的兒子，或她們的丈夫的兒子，或她們的兄弟，或她們的弟兄的兒子，或她們的姐妹的兒子……」（24：31，馬堅譯本）和「先知啊！你應當對你的妻子、你的女兒和信士們的婦女說：她們應當用外衣蒙著自己的身體。這樣做最容易使人認識她們，而

不受侵犯。」（33：59，馬堅譯本）

## 一本人類的指引

在本章劃下句點之前，讓我們再次強調：《古蘭經》是穆斯林信仰的基礎，但它並不是一本由於作者受到神的啟發而寫的著述。相反地，依據伊斯蘭教的傳統解釋，它是神直接向穆罕默德所宣說的話語，而且穆罕默德在其中完全沒有自行添加或刪減。回顧《古蘭經》中描述自己的不同方式，可以總結出它對信徒的影響：「以阿拉伯語為基準」的《古蘭經》，說自己是「光」，是正確道路的「規範」。在這個意義上，它以自己為信徒真正的指引者自居，「這部經，其中毫無可疑，是敬畏者的嚮導。」（2：2，馬堅譯本）因此，對人類來說，只有一個得救之門，那就是：追隨神的話語，亦即《古蘭經》中所列舉的確切真理，但這些話語並不只局限於阿拉伯人，它是針對全人類，就像《古蘭經》中講到先知的使命時所說的：「我只派遣你為全人類的報喜者和警告者，但世人大半不知道。」（34：28，馬堅譯本）

不要說「三位」

信奉天經的人啊！你們對於自己的宗教不要過份，對於真主不要說無理的話，麥西哈・爾撒（耶穌）——麥爾彥（瑪利亞）之子，只是真主的使者，只是他授予麥爾彥的一句話，只是從他發出的精神；故你們當確信真主和他的眾使者，你們不要說三位。你們當停止謬說，這對於你們是有益的。真主是獨一的主宰，讚頌真主，超絕萬物，他絕無子嗣，天地萬物只是他的。真主足為見證。（4：171，馬堅譯本）

## 2.《古蘭經》與《聖經》

《古蘭經》的信息，將自己定位為接續在猶太教和基督宗教的神的啟示之後。除了引用被視作神聖經典的猶太教《妥拉》和基督宗教福音書之外（9：111），我們也發現《古蘭經》多次提及《聖經》裡的重要片段和人物。對歷史學家來說，《古蘭經》引用《聖經》裡偉大人物的這種隱喻方式，顯示出對於穆罕默德和他同時代的人而言，《聖經》裡的故事是眾所周知的。然而，我們不能忘記的是，穆罕默德並不是《古蘭經》的作者，因此對穆斯林信仰來說，這並不是穆罕默德借用在他之前的文本。此外，這些文本的引用，也不像基督徒在《新約聖經》中引用《舊約聖經》的做法一樣，在《古蘭經》，亦即神所說的話語中，只是以「回想」和「確認」的方式，來介紹這兩段在它之前的神的啟示。

## 啟示的連續性

我確已降示《討拉特》（《妥拉》），其中有嚮導和光明，歸順真主的眾先知，曾依照它替猶太教徒進行判決，一般明哲和〔……〕我在眾使者之後續派麥爾彥（瑪利亞）之子爾撒（耶穌）以證實在他之前的《討拉特》，並賞賜他《引支勒》（福音書），其中有嚮導和光明〔……〕我降示你這部包含真理的經典，以證實以前的一切天經……（5：44－48，馬堅譯本）

跟《聖經》相關的回顧，分散在整部《古蘭經》中，由創世記、復活，以及先知三大主題組成。接下來，我們將依序一一探討和檢視，再討論如何理解由《古蘭經》

所提供的信息。

## 創世記

《古蘭經》中無數次提及世界及人類的起源，都跟《聖經》裡《創世記》的敘述相當近似。就像希伯來人的神一般，安拉用祂萬能的話語創造：「當我要創造一件事物的時候，我只對它說聲『有』，它就有了。」（16：40，馬堅譯本）「他在六日內創造了天地」（7：54，馬堅譯本）。安拉賦予地球所有人類的需要，祂也從泥土中創造亞當，「並將他的精神吹在他的身體中」（32：9，馬堅譯本），從亞當的身體中，祂又拉出了他的妻子。在《古蘭經》中，並沒有提及亞當的名字，但也視這對夫妻為人類之始（4：1），祂也憶及他們所犯的錯誤，以及被驅逐出「伊甸園」的故事（7：19－27）。

撒旦在這裡扮演的仍是誘惑者的角色，他也被稱為伊布力斯，因不肯跪拜亞當，而被神逐出成為墮落天使。除了這個不服從的角色，《古蘭經》裡非常重視天使，他們的主要作用就是不停提醒對神的讚美（31：20），並在人類身邊成為中間人，將訊息傳遞給先知。在所有天使中，毫無疑問最重要的就是吉卜利里，也就是《聖經》中的天使長——加百列，他的名字提醒人類他就是神的「代言人」，《古蘭經》中也宣稱，神的話語經由他的傳遞，降下給先知穆罕默德（2：97）。

## 復活

整部《古蘭經》都指向對終極歸宿的期待，也就是：復活、最後的審判，和對信徒應許的來世生活。對「死亡後的希望」這個主題，在公元前最後幾個世紀的猶太教中宣揚過，也出現在之後信仰耶穌復活的基督宗教中，而在《古蘭經》中提及，則證明了《古蘭經》也重拾此一主題。《古蘭經》裡的許多段落，都非常近似於那個時期所謂「末日」的文學著述，但大部分都沒有被猶太教和基督宗教的《聖經》保留下來，唯一的例外，是《新約聖經》中的約翰《啟示錄》。

《古蘭經》中提起終極末日的方式有好幾種，最常見的表達用語是「復活日」，也有「復活時刻」、「末日」、「審判日」，或是「報應日」等不同措詞。在這一日，每一個人的最後歸宿，將依據他過去一生所做的罪惡或善功而永遠的確立下來。跟《聖經》一樣，只有神知道這終極階段來臨的時間表，儘管在很多方面都讓人感到恐懼，但透過它卻可邁入第二次的創世記。而且在其中，最好的信徒將擁有位列於神身邊的特權。雖然《古蘭經》中對於最後審判和來世生活有其獨特的描寫，但我們也在其中找到天堂和地獄的概念：天堂經常被描寫為一座豐饒的「花園」（天園），復活的人在那裡可以找到夢寐以求的一切；地獄則是最糟的刑罰之處，是由火和渴統治著的火獄。

# 先知

如同《聖經》一般，《古蘭經》中的先知也是在人類身邊的「神的特使」，並且神已經反覆地藉由他們傳遞了好幾次訊息。《古蘭經》中大量提及這些在穆罕默德之前的先知，標示出由啟示到啟示之間的連續性，以及《古蘭經》在其中的定位（見後面引文）。這些先知大部分都是《聖經》中的人物，所以一方面顯現出《聖經》與《古蘭經》之間有著明顯的關聯，因為很多在《聖經》中所記載的事件，也在《古蘭經》中憶及；另一方面，儘管兩經之間有著差距，卻同樣在最大程度上肯定這些神的使者。在他們之中，有三位先知值得我們專門探討，他們是《古蘭經》中穆罕默德的前輩裡最重要的三位，分別是：亞伯拉罕、摩西和耶穌（在《古蘭經》中的翻譯則是易卜拉欣、穆薩和爾撒）。

亞伯拉罕（易卜拉欣），這位在《聖經》中的族長，在《古蘭經》中也一樣是偉大祖先的角色，只不過，在這裡變成穆斯林的祖先。在《古蘭經》中憶及《聖經》裡關於亞伯拉罕的重要片段是他犧牲他的兒子，對於這可作為典範的服從，神的報酬就是讓此舉因神的阻撓而幸運地中斷（37：101－107）。雖然在《古蘭經》中並未提及這位兒子的名字，但穆斯林傳統認為他是易司馬儀（伊斯蘭教譯法），然而在《聖經》中這個兒子則是以撒（新教譯法）。穆斯林傳統的依據是《古蘭經》中的另一段經文，其中確定亞伯拉罕得到易司馬儀的幫助，重建聖地麥加的卡巴天房（克爾白）（2：125－127）。總體而言，在《古蘭經》中關於亞伯拉罕的讚詞，就是他是對神聖意願絕對順服的完美範例，經文中也強調他是第一位穆斯林，同時也是順服神的信徒團體之父（22：78）。從這個意義來看，《古蘭經》中還有另一個片段（3：65－77）強調：亞伯拉罕「既不是猶太教徒，也不是基督宗教徒」。

你們說：「我們信我們所受的啟示，與易蔔拉欣（同易卜拉欣，即亞伯拉罕）、易司馬儀、易司哈格（以撒）、葉爾孤白（雅各）和各支派所受的啟示，與穆薩和爾撒受賜的經典，與眾先知受主所賜的經典；我們對他們中任何一個，都不加以歧視，我們只順真主。」（2：136，馬堅譯本）

在《古蘭經》中被提到的次數比亞伯拉罕（易卜拉欣）還要多的，就屬摩西（穆薩）了，他被特別稱為「神的對話者」（4：164）。關於這點，引用的是摩西在西奈山上接受十誡的《聖經》故事，在《古蘭經》之中，也提供了感人的版本（7：143－145），除了幾個小細節，《古蘭經》中的摩西，不論是生活、還是在扮演的角色上，都和《聖經》的引述相當近似。其中，我們可以找到摩西帶領人民逃離埃及，在沙漠裡歷經四十年，以及神賜予他們「福地」的片段（7：137）。同時也提及了他所遭遇的種種困難，以及當他的人民背離真正的信仰時，他不屈不撓的毅力。不過，比任何一位先知都更重要的是，他被寫成是穆罕默德的偉大先驅，並且認為在《討拉特》和《引支勒》中，都先後宣告了穆罕默德的來臨，這在《古蘭經》中特別獻給摩西的一段經文裡可以看到（7：157）。

至於耶穌（爾撒）的敘述，在《古蘭經》與《聖經》（尤其是基督宗教《聖經》）中的差距比較大，然而《古蘭經》裡還是有許多相關事件的記載與基督宗教的記載相近。尤其是對耶穌的神祕出生所作的描述，是在將「聖靈」吹入童貞女——瑪利亞（麥爾彥）之後，也用了很大的篇幅敘述神准許耶穌施行的許多神蹟。而跟基督宗教的耶穌最主要的差別，則在於兩個基本觀點：其一，他不是死於十字架上，「他們沒有殺死他，也沒有把他釘死在十字架上」，《古蘭經》中的一個片段這麼認為，並說這只是一個「猜想」（4：157－158）；其二，耶穌不能被認為是「神之子」，這違背了《古蘭經》所傳導絕對一神的信仰，跟亞伯拉罕、摩西，甚至所有的先知一樣，包括穆罕默德，「瑪利亞之子」耶穌，只是一位凡人（5：75）。對於這一點，《古蘭經》數次提及，並始終堅持，但也同時宣揚耶穌是一位與眾不同的先知，特別的是，他宣告了下一位神的使者，名為艾哈默德，也就是穆罕默德的另一名字，意為「讚美」。

## 耶穌宣告穆罕默德

當時，麥爾彥（瑪利亞）之子爾撒（耶穌）曾說：「以色列的後裔啊！我確是真主派來教化你們的使者，他派我來證實在我之前的《討拉特》，並且以在我之後誕生的使者，名叫艾哈默德的，向你們報喜。」當他已昭示他們許多明證的時候，他們說：「這是明顯的魔術。」別人勸他入伊斯蘭〔……〕他們想吹滅真主的光明，但真主要完成他的光明，即使不信道的人不願意。他曾以正道和真教的使命委託他的使者，以使他使真教勝過一切宗教，即使以物配主的人不願意。（61：6－9，馬堅譯本）

## 肯定還是決裂？

我們可以把《古蘭經》視為對《妥拉》或福音書的提醒和肯定嗎？如果是的話，又能夠確認到什麼程度呢？毋庸置疑的是，就本質來說，關於世界人類的起源，抑或是最後終結的描述，《古蘭經》與《聖經》的差別不大。但是，關於穆罕默德之前的先知們，關於他們所傳達的神聖啟示，《古蘭經》的確認卻反而導向了分裂。依據《古蘭經》，藉由新的使者，仁慈的神決定重新更新祂的契約，因為猶太人和基督徒背離了曾經提供給他們的盟約，已經「迷路」了。而這也就是為什麼真正的亞伯拉罕、真正的摩西、真實的耶穌，在《聖經》裡找不到，只有《古蘭經》中才有。

此外，神這一次的啟示宣布得清楚又明確，就像《古蘭經》其中一段經文所強調的：穆罕默德是「眾先知的封印」（33：40）。神的啟示，也就是真正的神的話語，在《妥拉》和福音書中都還沒有接收完全的，到穆罕默德劃下句點。神再次向信徒們保證：「今天，我已為你們成全你們的宗教（……）我已選擇伊斯蘭做你們的宗教……」（5：3，馬堅譯本）因此，《古蘭經》並不以在猶太教、基督宗教旁邊的另一個新宗教的基礎顯現，相反地，它聲稱自己組成的是真正的宗教，是獨一無二的神一直以來所期望的，也是唯一的宗教。

# 3.《古蘭經》與歷史

追溯《古蘭經》的歷史會碰到一些難題。第一個難題是，對絕大多數穆斯林來說，《古蘭經》的訊息就如同「書」裡所描述的一樣，是降下給先知的訊息。然而，這在歷史上占有一席之地的《古蘭經》，清楚指出神聖啟示的傳遞分成了好幾次，並且歷時二十年左右，這也是我們在這一章的第一部分即將討論的主題；另一個困難則在於，它觸及了伊斯蘭教特別棘手的問題，也就是《古蘭經》的神聖地位，它被視為從頭至尾，完完全全就是啟示的書。那麼，這神聖啟示是如何演變成書？這個問題我們將在第二段討論。

為了回答這些問題，我們手邊現有的資料主要是歷史記載，而穆斯林傳統就由這些歷史敘述衍生出來。雖然這些歷史在很大程度上被當作神話，但我們也不能就此認定，所有的敘述純粹出自文學上的虛構。此外，現代歷史的研究也帶來些撥雲見日的效果，讓我們得以描繪出這段歷史的輪廓，然而，離完全的清楚明白還是有段距離。還要提醒的是，關於假設這件事，即使其論據得到了很好的支持，我們還是不能就此視之為絕對的肯定。歷史批評也是一樣，絕不會聲稱對於偉大宗教經文的內容，不論是《聖經》還是《古蘭經》，已經確證了真理。而一個宗教的可信度，也不會狹窄到僅有一種歷史可能性，一個僅由其創始文本，及其代代相傳所帶來的唯一可能性。

## 啟示

關於啟示，《古蘭經》沒有給出具體的日期和真實的事件，至於穆罕默德的生平，也沒有太多的細節。依據穆斯林的歷史傳統，穆罕默德於公元五七〇年前後出生於麥加，這個城市是重要貿易路線和朝聖地的交會處，而今天的伊斯蘭聖地——卡巴天房（克爾白），曾是一個安放當地各游牧部落神祇的神殿。出生時就已喪父的穆罕默德，約於七歲左右又失去母親，在收養他的祖父也去世後，孤兒穆罕默德被叔父阿布·塔里布接去，在叔父的身邊長大，並且跟隨著叔父在沙漠之路奔波，慢慢地也熟悉了商隊這嚴酷的職業。《古蘭經》曾暗示過穆罕默德生命的這一部分，提及：「難道他沒有發現你伶仃孤苦，而使你有所歸宿？他曾發現你徘徊歧途，而把你引入正路；發現你家境寒苦，而使你衣食豐足。」（93：6－8，馬堅譯本）二十歲左右，穆罕默德受僱於一位富有的商婦赫底徹，為其經營商隊。這位年輕的寡婦，比穆罕默德稍微年長，幾年之後成為他的妻子，在赫底徹於公元六二〇年去世之前，穆罕默德都沒有再娶。性喜沉思的穆罕默德，養成定期到麥加附近希拉山洞隱居的習慣。約於公元六一〇年到公元六一一年間，在其中一次的靜修中，神透過天使加百列（吉卜利里）向穆罕默德第一次講話。這第一次的啟示，正值賴買丹月（齋戒月）期間，

可在《古蘭經》中由此命令開始的章節中看到：「你應當奉你的創造主的名義而宣讀……。」（96，馬堅譯本）

依照傳統的說法，先知既不會讀也不會寫，如此更是向穆斯林展現《古蘭經》啟示的神奇特質。當先知最初接到神聖啟示時，他非常惶恐，赫底徹平撫了他的驚惶，他也得到了周邊親友的支持，包括日後成為他的第一位繼任者，亦即穆斯林之首「哈里發」的朋友──阿布．伯克爾，和後來娶了他女兒法蒂瑪的堂弟──阿里。穆罕默德繼續靜修，其他的啟示隨之到來，追隨他的弟子日益增加，弟子圈也逐漸擴大，但他的訊息卻引起大部分麥加居民的反感，甚至包括他自己的家族。面對愈來愈多的敵意，穆罕默德和他的同伴們最後被迫於公元六二二年離開麥加，到位於麥加北部三百五十公里處的葉斯里卜避難。這個後來被稱為「希吉拉」（遷徙之意）的事件，正標示著穆斯林時代的開始。

葉斯里卜之後改名麥地那（麥地那意為「城市」，取先知之城的意思），穆罕默德在此開始組織信徒社團，並成為政治與宗教的領袖。在神聖啟示的支持下，前後持續將近十年的時間，他必需面對拒絕改宗真正信仰的猶太教徒與基督宗教徒們，以及麥加當局對其出兵。但穆罕默德是位精明的戰爭領袖，最終戰勝了敵人，並於公元六三〇年，訂定第一次的麥加朝覲，而且摧毀了天房裡原本保有的所有偶像。同樣依據傳統，公元六三二年的偉大朝聖之旅，也是穆罕默德離世那一年，是伊斯蘭最終勝利的標誌。自此，如同《古蘭經》其中一段所提及的：「污穢、不潔淨」的多神教徒，再也不准他們接近成為「聖寺」的天房了（9：28）。

如前所述，依據穆斯林本身的傳統，《古蘭經》的啟示歷時二十年左右，從公元六一〇年到公元六三二年。《古蘭經》中保留了穆罕默德傳遞一段段連續性啟示時周邊歷史環境的演變。而穆斯林學者也很早就嘗試，藉著研究啟示時的周圍情況來建立一個年表。這裡，我們選用《古蘭經》中跟穆罕默德在麥加時期和在麥地那時期有關的章節，來探討其中的區別，這樣的劃分是廣泛的共識，即使現代的歷史研究能做得更加精細，但卻還沒有就這個根本提出質疑。

《古蘭經》裡短的章節（蘇拉）通常與麥加時期有關，裡面的訊息，主要集中在穆斯林信仰的根基上（神的獨一無二，期待得救的信徒的順服……），並以連續性的概念，將《古蘭經》的啟示銜接在《妥拉》與福音書之後；而長的章節，大致來說與麥地那時期相連，裡面的內容則比較傾向於規章，主要強調宗教生活的標準（星期五的集體祈禱，朝向麥加的方向，齋戒月的斷食等等），以及團體生活的準則。這些規則也引起與猶太教徒和基督宗教徒的斷然決裂，因為他們拒絕皈依今後由伊斯蘭教所代表的真正宗教。

## 文本

對穆斯林來說，《古蘭經》目前的版本就是當時穆罕默德熟記背誦下來版本的忠實再現。但是，《古蘭經》的訊息在當時就是以書的形式接收的嗎？這個問題實在很難斬釘截鐵的回答。然而，一些蛛絲馬跡顯示出，集結《古蘭經》連續啟示的片段，肯定是在先知去世後才完成。

在穆斯林傳統上，他們視為真實的版本裡，將這個集結成書的過程分為三個階段：一，先知在世的時候，《古蘭經》啟示的傳遞起初是藉由朗誦和記憶的方式，與此同時，這些片段也逐漸地記載在不同材質的物品上以免忘失；二，這些固定下來的記載，毫無疑問的成為日益完備的文本形式，並於先知去世後，在繼任的哈里發領導下繼續完成；三，在第三任哈里發奧斯曼任內，大約穆罕默德死後二十年左右，最終完成了自此公認為正式的《古蘭經》定本，並且下令摧毀了當時存在的其他版本。

但是，這些其他版本又是怎麼樣的呢？是什麼造成它們之間的分歧？這些差異又都有些什麼重要性呢？有太多的問題無法回答，因為我們手邊並沒有任何當時的《古蘭經》手稿。此外，就像現代研究所顯示的，因為受限於當時的阿拉伯文字，所以，我們無法真正探討由哈里發奧斯曼所集結的最終版本。這個文字只有子音，和一套還很原始的符號系統，想要從中分出彼此，簡直難上加難。

對已經將《古蘭經》熟記於心的背誦者，這些文本作為輔助已經足夠。但這種寫作系統，也為不同的閱讀和解釋留下了空間，因為選用哪一個母音來組成一個字，可以很明顯的改變這個字，乃至改變整段經文的意義。因此，原本有好幾個專門從事《古蘭經》教育和口頭傳遞的學校，最終於公元十世紀初被限制為七個，並且也借助阿拉伯語法學家在文字上的改進，終於讓《古蘭經》的經文得以明確的固定下來。

上述對《古蘭經》的匆匆一瞥，從中我們可以記住些什麼呢？穆斯林傳統對這個時期的記載多樣且常相互矛盾，再加上還有現代歷史的研究，兩者都顯示出：一方面，在先知去世的時候，非常可能沒有一個獨一無二、又毫無異議的《古蘭經》版本；另一方面，《古蘭經》的統一化並非完成於旦夕之間……。由於無法比較原始文本，非常難以準確界定關於《古蘭經》訊息的可能演變。但即使如此，毫無疑問的，它固定成書是一個歷史進程的結果，而在此期間，人類的干預不可避免參與了訊息本身的成形。

然而，也不能就此論定，這唯一一本書的逐步統一，改變了由穆罕默德傳遞的《古蘭經》訊息的本質。但就像在下一章我們即將看到的，歷史研究對於這個啟示的挑戰是相當可觀的，因為它衝擊著至今仍然主導伊斯蘭教的觀念，也就是主張《古蘭經》唯一與神聖的本質，以確保它聖書的地位以及詮釋的正統。而這個對《古蘭經》的聖化，造成當代伊斯蘭教的緊張局勢，也是現代派與傳統派對立的爭辯核心。

# 4.《古蘭經》的地位與詮釋

《古蘭經》是穆斯林信仰的根基，他們的一生完全沉浸其中。對大多數人來說，從幼年時期，這本書就是他們教育的基礎，尤其是在所謂的《古蘭經》學校中。大量的穆斯林因而得以將《古蘭經》的片段銘記於心，甚至背誦整本經文。每日祈禱和周五的集體祈禱，以及宗教節日總要朗讀《古蘭經》，生命中的重要事件如：結婚、出生、死亡等等，也都要誦讀《古蘭經》的片段。

在通俗的伊斯蘭教中，人們將《古蘭經》的詩句抄寫在紙頭或織品上，當作護身符來保護自己以對抗厄運或疾病。這是一種非常普遍的方式，也是信仰幾近神奇的《古蘭經》和其精神力量的表現方法，因為《古蘭經》其中一段經文就曾提及它可以

「治癒」信徒。此外，穆斯林藝術跟《古蘭經》也是密不可分的，因為一次又一次重複的抄寫《古蘭經》，而抄寫的過程中，阿拉伯書法也得以不斷的完善和美化，也就是這些截自《古蘭經》經文中短語的書法藝術，被用來裝飾清真寺的內部，向唯一的神致敬，除此之外，清真寺從來都沒有用形象，或任何神的造物來表現神。

《古蘭經》是伊斯蘭教至關重要的參考基準，但是並不如我們所想的，是穆斯林信仰會借鑑的唯一源頭。自伊斯蘭教初始，穆斯林就感受到忠實遵循《古蘭經》的需要，並借助穆罕默德的生活來幫助對它的詮釋。因此，他們依靠著所謂的「聖訓」，也就是由先知身邊的人所記載的先知言論及事蹟，來詮釋《古蘭經》。這最後一節所要探討的，就是這個進程和其結果，對於《古蘭經》的地位和詮釋的影響。

## 「聖訓」與傳統

唯一且獨特的《古蘭經》以及「聖訓」這兩套文本，是穆斯林的必要參考。我們稍候會再回來探討《古蘭經》，現在先看「聖訓」的部分。這些內容跟穆罕默德有關的各種正式的《聖訓集》，終於在公元九世紀末被整合起來，其實早在公元八世紀時就已經有「聖訓」的存在，不過，究竟是從什麼時候開始收集先知的言論與事蹟呢？我們並不知道，很有可能在先知去世不久後就開始了。它們起先是經由口頭傳播的嗎？然後為了保存這珍貴的傳承，才慢慢的用文字記錄下來？這個問題我們也無法回答。或許，這些答案也具備雙重意義：首先，這些答案能夠釐清《古蘭經》中某些涵義模糊難解的段落；其次，在確保對《古蘭經》啟示的忠誠下，來回應由新的環境所產生的問題。這是指自公元七世紀末，伊斯蘭教向阿拉伯半島以外的地方持續擴展而面臨的新挑戰。

臨近公元九世紀中葉時，有關穆罕默德生平的記述和《聖訓集》激增，而且為了證明自己在宗教和政治觀點上的正確，都競相以種種說詞，宣稱自己是如何的直接與先知產生連結。我們都知道在意見分歧的不同團體之間，權力之爭往往是暴力的，因此，前四位居於信徒團體之首的哈里發，也是穆罕默德的繼位者，其中就有三位是遭殺害身亡。為了終結沉重的威脅局勢，整個公元九世紀後半葉，學者們在數以千計聲稱是穆罕默德和他親近同伴們的「聖訓」中，進行了廣泛的分類篩選，試圖找出到底哪一本代代相傳的「聖訓」是傳承自先知本身。

這個工作的最終成果，組成了一套「聖訓」文本，被公認為「先知的傳統」，亦即「聖行」。「聖行」這個字的原意，是指在沙漠中經過商隊反覆行走所形成的軌跡，穆斯林學者們解釋《古蘭經》，就是在這個正式的傳統中汲取靈感。然而，想必還是出於文章之間常常互相矛盾的差異，所以，它並沒有馬上被強加為伊斯蘭教中的另一個不可或缺的泉源。

## 獨特且自生、非受造的《古蘭經》

《古蘭經》的訊息不只一次用阿拉伯語清楚明白地表示：《古蘭經》是神的話語。並且，它也無數次的強調：這個從「天經的原本」完美傳遞給穆罕默德的版本（13：39），沒有任何事物能夠與之相提並論，這「天經的原本」就是《古蘭經》的永恆典範。而穆罕默德的版本，是天上經典的完美副本，即使是對其中模糊不清，或是相互矛盾的文句也不容有絲毫的質疑。因為，就像神在《古蘭經》中另一段經文所明確昭示的：「凡是我所廢除的，或使人忘記的啟示，我必以更好的或同樣的啟示代替它。」（2：106，馬堅譯本）從公元八世紀起，宣揚《古蘭經》唯一和獨特性質的教義，在整個伊斯蘭教中占據優勢，也更強化了它作為聖書的地位。

## 自生的《古蘭經》

這部《古蘭經》不是可以舍真主而偽造的，卻是真主降示來證實以前的天經，並詳述真主所制定的律例的。其中毫無疑義，乃是從全世界的主所降示的。（10：37）

真主任意勾銷和確定（經典的明文），在他那裡有天經的原本。（13：39）

我曾降示這部經典，闡明萬事，並作歸順者的嚮導、恩惠和喜訊。（16：89）

你說：「如果人類和精靈聯合起來創造一部像這樣的《古蘭經》，那末，他們即使互相幫助，也必不能創造像這樣的妙文。」（17：88，馬堅譯本）

如果說這本書是唯一的，那麼其思想學派則不然。在伊斯蘭教初期，因對神學的推究猜測而導致的動盪不安中，有些學派甚至嘗試從希臘哲學中尋找對策。在公元八、九世紀之交，其中一個提出的質疑，就是關於《古蘭經》到底是「非受造」或「受造」？對於當時思想學派之一的穆爾太齊賴派來說，他們拒絕將聖行列為理解《古蘭經》的必要補充，並認為《古蘭經》是被製造出來的。他們的想法是，在唯一的、「非受造」的神旁邊，再放上另一個永恆，那就違反了穆斯林一神論的宗教信仰。在當權的哈里發王朝的支持下，這個概念以國家正統教義的方式，於公元十世紀時強制施行，並占了公元十世紀的絕大部分。但是，下一個王朝卻依據完全相反的漢巴利派之理念，將前朝說法一舉推翻。漢巴利派是聖行的堅強捍衛者，認為聖行是神聖啟示幾近神聖的延伸，並捍衛《古蘭經》的「非受造」性質。根據漢巴利派的說法，唯有《古蘭經》保留了，並且也達到了神的話語的純度，這個概念從此成為伊斯蘭教的主流派——遜尼派（又譯順尼派）的教義，也使得《古蘭經》更加的神聖。

## 遜尼派與什葉派

伊斯蘭教很早就分成兩個主要的分支：遜尼派和什葉派，兩派都同樣地引用《古蘭經》，但對聖行意見有所分歧。遜尼派只承認先知和其早期同伴的聖行，這也就是他們名稱的來源（遜尼派 Sunnite 的名稱即來自聖行 Sunna）。什葉派則因他們的歷史，增加了額外的「聖訓」傳統。

什葉派原本是由阿里的追隨者（阿拉伯文 Chi'a）組成，他是穆罕默德的堂弟及女婿，與穆罕默德的女兒法蒂瑪的婚姻，使得他於公元六五六年成為繼奧斯曼之後的第四任哈里發。但他的支持者卻視他為第一任伊瑪目，伊瑪目有「領袖、表率」之意，並認為他是唯一穆罕默德的合法繼承人。依據他們的說法，那些建立正式《古蘭經》版本的人，刪除了《古蘭經》中先知指定阿里來接替他，成為信徒團體領袖的片段。公元六六一年，阿里遭到建立第一個哈里發王朝的倭馬亞（又譯伍麥葉）氏族刺殺身亡。阿里死後，由指定的繼承人長子哈桑繼任，哈桑死後再由次子侯賽因（又譯海珊）繼位，侯賽因又於公元六八〇年遇刺而亡，好像他的後裔都將步其後塵似的。

作為什葉派中的最大支派，十二伊瑪目派的十二位伊瑪目相繼繼任，除了最後一位伊瑪目神祕失踪之外，全都死於謀殺。（此為十二教長派的正統說法，但當代學者大多持保留態度，認為是該派為了突顯其殉道教義而發展出來的信仰傳說，欠缺有力的歷史證據。相關論點可以參閱：*Moojan Momen: An Introduction to Shi'i Islam: the History and Doctrines of Twelver hi'ism*. New Haven: Yale University Press, 1985.）失踪的第十二位伊瑪目馬赫迪，被稱為「隱遁的伊瑪目」，什葉派自公元八七四年至今，一直還在等待他的歸來。在遜尼派唯一承認的先知及其早期同伴的聖行之外，什葉派還加上了法蒂瑪和十二位伊瑪目的《聖訓集》，這些文本也都在解釋《古蘭經》，什葉派視這些文本為伊斯蘭教的第二個根源，並且也視它們為神聖的。而第一個根源，同時也更神聖的《古蘭經》，毋庸置疑是神之話語的完美顯現。但如果說這部書確實包含了口授給穆罕默德的啟示精髓，那麼對什葉派來說，啟示並沒有完全結束，因為它還在由穆罕默德之後的阿里，以及所有的伊瑪目繼續接收著，並直到最後一位伊瑪目——馬赫迪的回歸才會終止。

## 模仿還是復興？

由於《古蘭經》被聖化成一本聖書，它的研究和解讀只能由專門的神職人員負責：什葉派的穆拉和遜尼派的烏理瑪。這些神職學者的責任，是要在「聖訓」的幫助下陳述《古蘭經》的真理。而這些經由先知傳統保留下來的「聖訓」文本，因為本身已經聖化，所以不能對其提出反駁。因此他們的工作，主要集中在《古蘭經》的法律部分，以闡明或是補充穆斯林的法規。基本上，關於穆斯林信仰的基礎，全然以神學解釋的《古蘭經》，於公元十二世紀時，與伊斯蘭教的古典時期一起畫上句點。

自此以後，伊斯蘭教博學的神職人員，把《古蘭經》的研究限制在只可以注釋這個傳承，要以一絲不苟的忠實度，並且只能尋求傳統的解釋方法。大多數時候，還會受到某一政治勢力的強烈鼓勵，它們藉尊重這個被公認為不可動搖的宗教傳統，來樹立自己的權威，至今大部分的穆斯林國家仍然依循這個結構。對許多研究伊斯蘭教的專家而言，這是造成衝突，乃至動搖整個伊斯蘭世界，並使之完全撕裂在傳統與現代之間的主要原因。

意識到這個問題，穆斯林的知識份子，有時被稱為「伊斯蘭教的新思想家」，倡導在《古蘭經》的研究中引入現代科學，例如歷史批判以及對經文的文學批評*。依據他們的說法，如此研究的結果是，終於得以走出在教義解釋上的模仿，並能夠逐字逐句、確實的閱讀《古蘭經》。許多人認為如此創新的復興，也影響了基督宗教的思維，他們也並不否認，但是無論如何，跟《古蘭經》不同的是，他們的創教經典，並不是基督信仰唯一的基本教義。

目前，穆斯林正統派的守護者反對這種可能性，擔心如此一來將使得他們喪盡威權，並使《古蘭經》成為一本普通的書。這個前景，對伊斯蘭教來說是無法容忍的，因為相較於其他一神教，伊斯蘭教更是書的宗教。然而，無法確定的是，伊斯蘭教是否可以就這樣逃過對它的來源，亦即對《古蘭經》和聖行在現代科學幫助之下的嚴格審查？更重要的問題是，那些扣押了《古蘭經》解釋權的穆斯林宗教家和法學家們，還能強制施行，並且保持《古蘭經》的最後一個字到什麼時候？

＊見附錄「《古蘭經》可以重寫嗎？」。

# 附錄

# 1.《古蘭經》可以重寫嗎？

首次發表於人文科學雜誌，二〇〇九年三月，一〇二期

陳舊過時、性別歧視、反現代化，這是伊斯蘭教經常帶給人的觀感，而大家的矛頭則都指向它的聖書——《古蘭經》。這是將神之話語物化後碰不得的文本？還是，它的重新詮釋有可能受到周邊社會環境的影響？現代主義對傳統主義，雙方的爭論激烈異常。

談到伊斯蘭教的改革，《古蘭經》作為穆斯林的聖書，永遠是所有辯論的焦點，

而它的詮釋問題也一定會跟著浮現。人類學家及精神分析家馬雷克．舍貝勒在他的《一個啟蒙伊斯蘭教徒的宣言》*中，就將此問題置之為首，因為它是「傳統穆斯林體系的核心」，也是「當今影響伊斯蘭教兩個主要趨勢的交會處：傳統占一邊，改變則占另外一邊」。評論家阿卜德勒瓦哈卜．梅德卜也贊同這個觀點，在他的最後一本著作《逃離詛咒》§中，他寫道：「想當然耳，伊斯蘭教必需進化，必需改變。然而，這個進化的必要條件是全面更新《古蘭經》的一切釋義。」

兩位伊斯蘭專家，米歇爾．奎貝和珍娜維芙．苟比優，在他們剖析關於《古蘭經》#既有觀念的作品中提到：在穆斯林世界中，「愈來愈多知識份子大聲呼籲，

* Malek Chebel, *Manifeste pour un islam des Lumieres. 27 propositions pour reformer l'islam*, Hachette, 2004.

§ Abdelwahab Meddeb, *Sortir de la malediction. L'islam entre civilisation et barbarie*, Seuil, 2008.

# Michel Cuypers et Genevieve Gobillot, *Le Coran*, Le Cavalierbleu, 2007.

在忠於信仰的基礎與伊斯蘭道德信念之下，重新闡釋《古蘭經》，以回應現代科學研究的要求。穆斯林世界面臨全球化這個前所未有的危機，使得這項研究工作的進行更加緊迫。」現在，這個重新質疑正好帶出了伊斯蘭世界的渴望。

## 分裂

問題的根本，在於《古蘭經》仍然受困於「它的地位，這個把它的文字與道成肉身相連，並以永恆、而且『非受造』的神的話語自居的神聖化地位。作為自由審查的先決條件，這個禁忌一定要打破。」阿卜德勒瓦哈卜·梅德卜有力的指出。但這深深扎根於《古蘭經》早期創教者時代的《古蘭經》禁忌，依舊抗拒著。依據那時所制定的教條，《古蘭經》是由神口述的，而不是像聖經之於基督宗教，是受到啟發而作的文本。直至今日，這個啟示的神祕概念仍然相當大幅度地主導著伊斯蘭世界，接觸

《古蘭經》文本，就是直接與神的話語打交道，而且，並不是只有基本教義派才這麼認為。

公元六三二年，穆罕默德離世，《古蘭經》的啟示也隨之結束，在穆罕默德的第三位繼位者奧斯曼哈里發（公元六四四年至公元六五五年在位）統治下，《古蘭經》集結成為一本唯一的書。此「古蘭經集結」的版本，在公元九世紀時跟著遜尼派教義的發展而正規化。但對歷史學家來說，此《古蘭經》規範化的過程，非常可能在奧斯曼哈里發之後持續進行，穆斯林史學史保留了一些與這個集成版本相悖的記述，其中有些甚至是曾在公元八世紀到公元九世紀間流通的不同《古蘭經》版本。在當時公然分裂（阿拉伯文 fitna）的穆斯林社會中，這些不同的《古蘭經》文本，只是呈現出當時局勢的一個側面，更甚者，是奧斯曼於穆罕默德離世二十年後遭到暗殺。奧斯曼的繼位者阿里，是先知穆罕默德的女婿，在位的時間很短（公元六五六年至公元六六一年），也在與其中一個政治宗教派系公開對抗後，被暗殺身亡。每一個派系都擁護自己修訂的《古蘭經》，阿里的支持者認為，只有由先知的女婿所保存的版本，才是忠於神聖啟示的。所以，在什葉派眼中，歸於奧斯曼的《古蘭經》版本是偽造的，因為其中刪減了指定阿里及其後裔作為穆斯林社團之首，為穆罕默德唯一合法繼承人的相關段落。

## 無限的可能性……

## 但是，只有教條！

現在，重置在歷史背景之下，在奧斯曼統治下規範化的《古蘭經》，看來就像是一場政治經營的結果，其目的是讓阿里的對手，也就是奧斯曼的堂弟，哈里發穆阿威葉建立於公元六六一年的倭馬亞王朝（或譯伍麥葉王朝）具有正當地位穩坐江山。因為分裂，帶來了麥加富商的掌權，他們長期反對穆罕默德，對支持先知親近家屬的什葉派不利。這個由不同《古蘭經》文本所導致的衝突中，原本削弱了致力將《古蘭經》當成神聖啟示之完美合集的論點，但卻在遜尼派中，由另一個重量級的教條得到了鞏固，也就是《古蘭經》非受造的本質。

公元八世紀時，被稱為穆爾太齊賴派、浸淫了希臘哲學的伊斯蘭思想家，起而捍衛《古蘭經》是人造的說法，認為《古蘭經》的完成有突發事件和人為介入的空間。但公元九世紀初，這個論點就被遜尼派，先知傳統（聖行）的支持者打敗，遜尼派的教條即由先知傳統打造而成。最後，這「理性主義」與「傳統主義」之間的爭議，由後者贏得最終的勝利，《古蘭經》是永恆而且非受造的教條從此強制施行，它是穆罕默德所傳遞的神的話語的合集，因此是完美、不可改變的。穆爾太齊賴派的失敗所造成的後果是沉重的，在這之後，哲學被逐出遜尼派的思想範疇。很快地，啟示的詮釋（伊智提哈德）大門宣告永遠關閉，所有神學上的創新都遭到驅逐。從公元十二到十三世紀開始，除了罕見的例外，穆斯林學者（烏理瑪）在注釋《古蘭經》（塔夫細爾）時，仍然受限於必需嚴格複述那些公認為正統的大師對《古蘭經》的注釋。

掏空穆斯林思想，並以此作為政治與宗教相互之間的合法化工具，使得對《古蘭經》禁忌的抵制也應運而生。在突尼斯哲學與政治分析家哈馬迪·何帝西的《伊斯蘭例外》*中，也明白指出《古蘭經》禁忌對穆斯林文明的有害影響。與成立之初的智力湧現相反，穆斯林思想就這樣停留在自我封閉的狀態，無視於西方研究的貢獻。在這一點上，新的《古蘭經辭典》§提出了非常完整的觀點。這些已經進行了超過一個世紀的科學研究，結合了歷史批判、文本文學乃至語言學的技巧，對了解《古蘭經》和它的歷史，提供了許多寶貴的見解，尤其是關於伊斯蘭初期，《古蘭經》的文字對周邊語言和文化的借用。不過，根據另一個也列於《古蘭經》禁忌中的伊斯蘭教條，降示於先知穆罕默德的神聖啟示，使用的是純粹的阿拉伯語。

## 敘利亞－阿拉姆語語源學

敘利亞－阿拉姆語的研究近期再度展開，這起於筆名克里斯多夫・盧森堡的德國《古蘭經》專家兼語言學家的著作（書名為 *Die Syro-Aramäische Lesart des Koran*〔敘利亞－阿拉姆語的《古蘭經》閱讀〕）。這位學者對《古蘭經》最早由敘利亞－阿拉姆語寫成的假設，直到現在仍是許多專家熱烈討論的議題。但相對來說，從敘利亞－阿拉姆語語源學尋求幫助是否適當，引起的討論則較少。因為使用這個方法重寫之後，澄清了一些原本晦澀的《古蘭經》片段，甚至對《古蘭經》的釋經家#來

* Hamadi Redissi, *L'Exception islamique*, Seuil, 2004.

§ Mohammad Ali Amir-Moezzi (dir.), *Dictionnaire du Coran*, Robert Laffont, 2007.

# 以下例子取自阿卜德勒瓦哈卜・梅德卜所著的《逃離詛咒，野蠻與文明之間的伊斯蘭》。（如P.177 注§）

說也是如此。因此，短短的第一〇八蘇拉（第一〇八章）：「我確已賜你多福，故你應當為你的主而禮拜，並宰犧牲。怨恨你者，確是絕後的。」（108：1－3，馬堅譯本）按照克里斯多夫．盧森堡的方法，就變成：「我已經賜你堅定，故你應當禮拜你的主，並堅持不懈。怨恨你者（撒旦），確是失敗者。」其措詞用語相當近似於敘利亞＊基督宗教禮儀所使用的禮拜儀式選文集（用敘利亞－阿拉姆語來說就是古蘭qu'ran）。

## 回歸穆斯林創造力的本源？

這裡舉一個例子，在所有的研究成果之中，「阿卜德勒瓦哈卜．梅德卜認為，這些無限的可能性，應該能夠鼓舞新的穆斯林學者的現身，他們將從根本上去更新《古蘭經》的解釋和訓詁並使之與今日接軌，遠離凍結文本的教條，回歸古體和有時簡單的詩歌形式，繼續蓬勃發展」。這可以成為穆斯林創造力的回歸，在這個時代，學者借助現有的科學深入了解《古蘭經》的內容，同時也得以對它的傳遞作出修正。因為規範化的《古蘭經》經文，是到了公元十世紀中葉才真正穩定下來，當時因為阿拉伯語法和寫作的進步，得以採用一批有限的「得到授權的讀物」。這些讀物之間的差異對啟示的意義也造成些微的影響。

目前，在伊斯蘭土地上的宗教機構仍然漠視現代的科學資源，他們先入為主地反彈，並否認其合法性以繼續掌握聖書。然而，「儘管傳統伊斯蘭研究中心停滯不前，但是今天眾多的穆斯林知識份子，他們的批判性思維正在大步向前」，密歇爾・庫貝和珍娜維芙・荀比優指出。就像埃及學者穆罕默德・阿布都（一八四九至一九〇五）

---

＊敘利亞語，或敘利亞－阿拉姆語，都跟阿拉伯語一樣源於閃族（閃米特）語系，是穆罕默德時代敘利亞基督徒使用的口語語言，現在仍在一些東方亞述教會的禮儀中使用。

一樣，他們對自己的定位，是接下了公元十九世紀穆爾太齊賴派火炬的思想家，嘗試重新打開詮釋的大門，並企圖使伊斯蘭教與現代科學和理性得到和解。哈希德·班辛於公元二〇〇四年出了一本書*專門提及這些伊斯蘭新思想家：巴基斯坦的法茲勒·拉赫曼，埃及的拿斯勒·哈密德·阿布·扎伊德，伊朗的阿卜杜勒·卡里姆·索羅什，阿爾及利亞的穆罕默德·阿爾昆，南非的法立德·伊薩克，和突尼西亞的阿布杜勒馬吉德·夏爾菲，夏爾菲著有一本深具啟發性的論文與演講合集§。

## 伊斯蘭不是一個僵化的組合

這些知識份子探索「新的釋經途徑」，顯示出「從傳統注釋中解放出來的意願」，古典伊斯蘭法學及思想家莫海丁·葉海亞#如是強調。他也指出，除了多樣性之外，這些知識份子對《古蘭經》的重新審讀表現了「好幾個共同點，足以讓此舉稱為現代主義：他們都顯現出受西方的影響；都重新提出對於啟示本質的質疑；都力求將現代科學的斬獲加入聖書的解釋……，都指責大部分新傳統主義的釋經法為自築高牆，故步自封在無菌的博學裡，追隨護教的辯論宗旨，而且，特別的是，忽視其他學科的貢獻（也就是現代科學）……」

還有就是「要判斷如此重新詮釋的結果是否達到了他們原先野心勃勃所設定的高度，亦即，將這部啟示聖書現代化，在回應對此的挑戰與拒絕中拔得頭籌，贏得勝利。目前來說，要下判斷還太早，這是同時在概念上和神學上復興的努力嘗試，但還是無法取代傳統的經注（塔夫細爾）教學。葉海亞認為，那些偉大的古典經注，對廣大群眾來說，依然具有熠熠的威信。」但我們也不能就此論定，除非重寫，要不這

---

* Rachid Benzine, *Les Nouveaux Penseurs de l'islam*, Albin Michel, 2004.

∞ Abdelmajid Charfi, *La Pensee islamique, rupture et fidelite*, Albin Michel, 2008.

# 如前，Mohammad Ali Amir-Moezzi (dir.)

個重新詮釋《古蘭經》的計畫，注定是要失敗的。就像美國史學家理查·布利特*指出的，從伊斯蘭教的初始，那些很快就被奉為傳統的創新，通常都來自周邊，而非中央。如果說今天的創新，是來自原籍穆斯林國家的知識份子，那麼其中最膽大無畏的，通常都在周邊的西方國家發聲，再聯合散居各地的知識份子，合力將其他地方政治的思想與實踐引介給他們的原籍國，如此這般，他們在演變的進程中也扮演了一角。就像其他的任何宗教一樣，伊斯蘭教，並不是一個僵化又單一的組合。

## 閱讀清單

Dominique Urvoy，*Histoire de la pensée arabe et islamique*（阿拉伯與伊斯蘭思想史），Seuil，2006。

Hechmi Dhaoui、Gérard Haddad，*Musulmans contre Islam? Rouvrir les portes de l'ijtihad*（反對伊斯蘭的穆斯林？重啟伊智提哈德之門），Cerf，2006。

Pascal Buresi，*Géohistoire de l'Islam*（伊斯蘭教歷史地理學），Belin，2005。

Dominique et Marie-Thérèse Urvoy，*L'Action psychologique dans le Coran*（《古蘭經》中的心理行為），Cerf，2007。

Jacqueline Chabbi，*Le Coran décrypté.Figures bibliques en Arabie*（《古蘭經》解密，阿拉伯的聖經人物），Fayard，2008。

Ali Mérad，*Le Califat, une autorité pour l'islam?*（哈里發，伊斯蘭教的權威？）Desclée de Brouwer，2008。

Mahmoud Hussein，*Penser le Coran*（思考《古蘭經》），Grasset，2009。

---

* Richard W. Bulliet (2004), *La Civilisation islamo-chretienne. Son passe, son avenir*, trad. Paul Chemla, Flammarion, 2006.

## 2.《古蘭經》與歷史

《古蘭經》的啟示是在什麼時候，又是怎麼樣變成一本書的呢？依據穆斯林史學史，先知穆罕默德在世時（五七〇至六三二年），《古蘭經》的訊息已經被收集記載在各種不同材料的物品上，並於哈里發奧斯曼在位時（六四四至六五五年），將這些不同的收藏彙編成唯一一本手抄本（梅夏弗）。但是這位第三任哈里發組織的「《古蘭經》集結」的工作也造成了破壞，在他的一聲令下，所有之前的版本都遭到銷毀。《古蘭經》就是如此建立起來，並逐步地對所有的穆斯林強制施行，包括遜尼派和什葉派。

然而，這是遜尼派所尊崇的歷史，它們的教義於公元九世紀成型。但是對大多數當代學者來說，《古蘭經》規範化的過程，很有可能一直延續到倭馬亞哈理發國（六六一至七五〇年），甚至更晚。事實上，穆斯林史學史保留了一些這段過程的不同記錄，依據其中的某些記載，將《古蘭經》規範化，並一舉毀滅在其之前版本的人，其實是倭馬亞王朝的第五代哈里發阿卜杜・阿勒-馬利克（六八五至七〇五年）。並且有一些紀錄提到，公元八世紀時，阿拉伯帝國幾個主要地區，如麥地那（沙烏地阿拉伯）、大馬士革（敘利亞）、庫法（伊拉克），還有一些與官方《古蘭經》競爭的手抄本存在，其中有的甚至到公元九世紀時還在流通。

## 一本《古蘭經》，還是一些《古蘭經》？

然而，就《古蘭經》的內容來說，這些抄本彼此之間看來沒有什麼根本上的差異。但無論如何，那些我們今天看不到的《古蘭經》其他版本，卻助長了各政治宗教派系之間的衝突，而這些衝突打一開始就分化了伊斯蘭教。衝突的痕跡，可從先知傳統的什葉派大量指責官方《古蘭經》為偽造的敘述中一窺端倪。因為直到公元十世紀中葉，什葉派的十二伊瑪目才得到確定，而為了證明他們的正統性，能夠判斷哪些才是忠於穆罕默德所傳遞的訊息，也引發過衝突。另一方面，歷史學家阿勒福雷德－路易·德·裴馬赫*認為，由傳統遜尼派保留的早期穆斯林史學家的紀錄，清楚顯示他們「有意識到，只是沒有說，因為他們所知的《古蘭經》材料，並不僅僅是那些宣稱來自公元六一〇年至公元六三二年間的而已」（穆罕默德在阿拉伯講道的時期）。因此，對這位研究伊斯蘭教原始文本的專家來說，毫無疑問地，《古蘭經》首先是「好幾本，而且其編者曾經長期抵制，不讓其縮減成為單一的一本書」。

## 3.「改編《古蘭經》以適應現代」與馬雷克·舍貝勒的對話

嚴格受限於政治與宗教權威統治的《古蘭經》，想要現代化著實困難。依據馬雷克·舍貝勒[§]，所謂的現代化，就是通過對科學的開放，以及和政治與宗教這兩個世界，清楚明確地分離後的重新詮釋。

---

* Alfred-Louis de Premare, *Aux origines du Coran. Questions d'hier, approches d'aujourd'hui*, Teraedre, 2004.

§ Dernier ouvrage paru: *Comprendre le Coran*, Payot, 2015.

**關於將伊斯蘭教接軌到現代世界的辯論中，為什麼《古蘭經》的詮釋，顯得那麼地重要和迫切呢？**

首先，這是因為它幾乎是前所未有的。伊斯蘭世界已經忍受了好幾個世紀的停頓，在此期間，不詮釋《古蘭經》一直都占上風，雖然在伊斯蘭教初期，《古蘭經》的經注其實一直都是熱門議題。現在，要讓伊斯蘭適應我們這個時代，我們必需找回古人的創造力，而這個需求，且是迫在眉睫的需求，也同樣的被公元十九世紀末的知識份子感受到，因而引起了穆斯林思想的復興——納哈達運動。每個階段，對於當代問題，我們都必需建立適當的反省、思考的方法，適應與調整兩個方向同時兼顧，那就是讓《古蘭經》適應現代性，並且依據《古蘭經》所說來解讀現代性。今天，我們還只在問題的開端。

**重寫《古蘭經》可行嗎？就像有些人要求的，刪除其中的某些段落，例如那些被**

**認為已經不符合現代價值觀的段落。**

更動《古蘭經》而不造成嚴重後果，那是不可能的，因為《古蘭經》是整個伊斯蘭教的基石，如果刪除其中部分，整座建築都有可能傾塌。此外，《古蘭經》並不是問題的根本，主要的困難，其實來自烏理瑪（穆斯林宗教學者的總稱）團體，他們沒有任何意願重新詮釋《古蘭經》，即使是公正、正當的詮釋也不行，而且其心態還凍結在過時的教條之中。為了能夠幫助我們更有效地了解伊斯蘭教以及《古蘭經》，我們現在應該與這些沉重的遺產保持適當距離，同時清楚的意識到，我們必需努力讓自己自由思考，因為過去幾個世紀的穆斯林思想家，並不負責為我們這個時代思考。

**在穆斯林世界要發展《古蘭經》的現代化經注，主要的障礙會是什麼？**

對《古蘭經》的重新詮釋，應該考量到人類和社會科學所帶來的貢獻。然而，傳統伊斯蘭教認為這些源於西方的科學是不潔的，完全沒有合法性來處理神聖的經文。

再加上另一個阻礙：解釋只能來自伊斯蘭內部，而且即使是伊斯蘭內部，還必需是來自最高宗教機構，如開羅的艾資哈爾大學與清真寺。另外，要被承認其正當性，《古蘭經》經注必需使用阿拉伯文，並且在傳統的宗教機構中進行，還要得到簽署同意，要不就會被執政當局要求改正，任何其他的詮釋則都會被批為無效。如此一來，所有在伊斯蘭土地上的穆斯林學者們的工作，都被阻止列入考量，更遑論在伊斯蘭世界外圍進行的伊斯蘭學者們，這是最大的障礙。

**這種隔絕是全面的嗎？還是，儘管如此，我們都見證到些許的改變？像您這樣，在外圍工作的知識份子，是否能在穆斯林世界中得到回響？**

改變是有的，在阿拉伯國家，愈來愈多的知識份子以《古蘭經》為工作的首要目標。今天，我們有呼吸的空間，也有表達不同意見的地方，就以電視舉例，電視節目「電視-古蘭經人」所造成的現象，還有宗教節目讓電視機前的觀眾上線提問，穆斯林世界不是在沉默之牆的重壓之下了。基本教義派運動（原教旨主義），如同宗教機構，即使受到我們大家所寫文章的挑戰，他們也必需將之列入考量。因為龐大不可忽略的穆斯林大眾對這些感興趣，這些文章、言論提供了一些亮點，可幫助他們在各類的，但大多都已不合時宜的傳道、說教中，做出自己的選擇。就我個人而言，我常接到阿拉伯語報紙的採訪邀請，或者參加阿拉伯電視節目，這在十年前，是根本不可能發生的事情。

**在什麼條件下，這種批判性思維的再次提出，可以對有時看起來只是純粹在修辭上做文章的伊斯蘭教改革，產生持久的影響？**

整體來說，必需打破宗教與政治之間，互相操控、彼此順服的連結，因為如果宗教掌控政治，那麼後者必然成為臣服的奴隸，或者相反，政治決定宗教亦然，這兩個世界必需清楚明確的分開。關於《古蘭經》的重新詮釋，在我看來，它絕對必需在任何一種替代意識形態之外完成。挑戰在於，不單要能彰顯出伊斯蘭教的發展潛力，而且不會只為取悅某些大眾而使《古蘭經》失真。另一方面，也必需停止照著古人依樣畫葫蘆，這只是虛幻的模仿，如果試著用看似科學的方法，來隱藏伊斯蘭教面對現代化的不安，人們回應的將會是情緒，而不是理性。若是需要真正具現代意義的科學，應該是能提供更多可以被檢視的科學。這個批判性思維的最終結果，是讓每個人都可以形成自己的看法，所以應該讓絕大多數人都能更容易親近才是。今天面臨的主要挑戰，是支持個人以獨立理性釋經（伊智提哈德）的努力，以及個人與集體伊智提哈德兩者之間的協調。

# 參考書目

## 《聖經》

### 教派翻譯本


• 猶太《希伯來聖經》

－*Bible du rabbinat*, traduction de la Bible hebraique (l'Ancien Testament des chretiens) sous l'autorite du rabbinat francais, Editions Colbo.

• 基督宗教《聖經》

－*Traduction oecumenique de la Bible* (TOB), Editions du Cerf-Alliance biblique universelle, 2005. 由天主教及基督宗教專家共同進行，這個譯本伴隨著大量的注釋筆記，以便讀者掌握基督宗教與猶太教在詮釋上的多樣性。

–*La Bible expliquee*, Societe biblique francaise, 2004. 此版本是「La Bible en français courant」的再版，*La Bible en français courant* 的主要目的是用當代的語言表達《聖經》，這次再版又加入了為數眾多的評論，隨著經典的閱讀，這些評論依照歷史背景來安插，也有助釐清意涵，並避免使用太過於宗教性的術語。

• 天主教《聖經》

–*La Bible de Jerusalem*, Editions du Cerf. 這個修訂於一九九八年的翻譯本，是由耶路撒冷聖經學院的天主教專家所作。這是一本參考書，而且不只局限於天主教的範圍之內，主要是因其製作嚴謹，並在介紹經文，以及眾多解釋性說明時提供歷史觀點。

• 基督宗教《聖經》

—*Nouvelle Bible Segond*, Alliance biblique universelle, 2002. 此翻譯本的最後一次修訂，是由基督宗教徒路易・瑟貢完成於公元十九世紀末。

## 非教派譯本

- *Bible de Chouraqui*, Desclee de Brouwer-JC Lattes. 猶太作家安德烈・舒哈吉，希望盡可能以最忠實的方式，保留希伯來語言的音樂性和詩歌性，但這種翻譯的傾向，並不見得能使經文容易理解，他同時也翻譯了《古蘭經》。
- *La Bible*, nouvelle traduction, Bayard, 2001. 這個翻譯是成對一起執行的，也就是說，每一段經文，都由一位聖經專家和一位當代作家互相配合，而其產生的多聲部與現代性非常的有意思，只是經文與經文之間產生的結果並不很一致。

- Azria Regine, *Le Judaisme, La Decouverte*, 1996.
- Brossier Francois, *La Bible dit-elle vrai?*, L'Atelier, 1999.
- Brown Raymond E., *Que sait-on du Nouveau Testament?*, Bayard, 2000.
- Collectif, *La Plus Belle Histoire de Dieu*, Editions du Seuil, 1997.
- Collectif, *Le Monde ou vivait Jesus*, Editions du Cerf, 1998.
- Denimal Eric, *La Bible pour les nuls*, First Editions, 2004.
- Drai Raphael, *La Torah*, Michalon, 1999.
- Finkelstein Israel, *La Bible devoilee*, Bayard, 2001.
- Gibert Pierre, *La Bible. Le Livre, les livres*, Gallimard, coll. «Decouvertes» , 1999.
- Lemaire Andre, *Histoire du peuple hebreu*, PUF, coll. «Que sais-je?», 2004.

- Lémonon Jean-Pierre, *Les Debuts du christianisme de 30 a 135*, L'Atelier, 2003.
- Marguerat Daniel, *La Premiere Histoire du christianisme*, Labor et Fides-Editions du Cerf, 2003.
- Mébarki Farah et Puech Emile, *Les Manuscrits de la mer Morte*, Le Livre de poche-Editions du Rouergue, 2002.
- Mordillat Gerard et Prieur Jerome, *Jesus apres Jesus. L'origine du christianisme*, Editions du Seuil, 2004.
- Ouaknin Marc-Alain, *Invitation au Talmud*, Dominos-Flammarion, 2001.
- Paul Andre, *Et l'homme crea la Bible*, Bayard, 2000.
- Pelikan Jaroslav, *Le Livre des livres a travers les ages*, La Table Ronde, 2005.
- Quesnel Michel, *L'Histoire des Evangiles*, Editions du Cerf-Fides, 2000.
- Römer Thomas, *Moise, lui que Yahve a connu face a face*, Gallimard, coll. «Decouvertes»,

2003.

- Trocmé Etienne, *L'Enfance du christianisme*, Hachette Litteratures, 2004.

## 《古蘭經》

### 譯本

- Berque Jacques, *Le Coran*, Albin Michel, 2002. 賈克・貝赫克的翻譯強調詩意的脈絡和先知式的語氣，堅持要盡可能的貼近從書中湧出的《古蘭經》文化，但有時變得令人費解。

- Blachère Regis, *Le Coran*, Maisonneuve, 1949-1977. 雷吉・布拉榭爾是傑出的東方學家，但在科學方面依然保持十分的謹慎，這個翻譯可當參考書目，對新手來說可能很難了解。

- Chouraqui Andre, *Le Coran*, Robert Laffont, 1990. 作者除了翻譯《古蘭經》，也翻譯了《聖經》，他的翻譯與原版保持相當大的距離，並且充滿詩意的自由，只是他翻譯的選擇令人非常困惑。
- Masson Denise, *Le Coran*, Gallimard, coll. «Bibliotheque de la Pleiade», 1963. 作者向雷吉·布拉榭爾的工作看齊，並且這已經是所有翻譯裡最容易上手的了（盡可能的），隨書附帶一篇很好的歷史及《古蘭經》重要主題的介紹。

## 《古蘭經》與伊斯蘭教介紹

- Alili Rochdy, *Qu'est-ce que l'islam?*, La Decouverte, 1996.
- Bencheik Ghaleb, *Le Coran*, Eyrolles, 2009.
- Benzine Rachid, *Les Nouveaux Penseurs de l'islam*, Albin Michel, 2004 ; 2008.

- Blachère Regis, *Introduction au Coran*, Maisonneuve et Larose, 1991 ; 2002.
- Cesari Jocelyne, *L'Islam a l'epreuve de l'Occident*, La Decouverte, 2004.
- Cuypers Michel et Gobillot Genevieve, *Le Coran*, Le Cavalier bleu, coll.? Idees recues?, 2007.
- Chabbi Jacqueline, *Le Seigneur des tribus. L'Islam de Mahomet*, Noesis, 1997.
- Delcambre Anne-Marie, *Mahomet, la parole d'Allah*, Gallimard, coll. «Decouvertes», 1987.
- Déroche Francois, *Le Coran*, PUF, coll. «Que sais-je?»,2005 ; 2014.
- Esack Farid, *Coran, mode d'emploi*, Albin Michel, 2004.
- Hussein Mahmoud, *Al-Sira, le Prophete de l'islam raconte par ses compagnons*, Grasset, 2005.
- Mérad Ali, *L'Exegese coranique*, PUF, coll. «Que sais-je?», 1998.

- Prémare Alfred-Louis de, *Les Fondations de l'islam. Entre ecriture et histoire*, Editions du Seuil, 2002 ; 2009.
- Sourdel Dominique, *L'Islam*, PUF, coll. «Que sais-je?»,2002 ; 2009.

# 《聖經》書目對照表

《聖經》中的各本書，在天主教、新教、東正教中有不同翻譯名稱，收錄的書目也有所差異。這裡提供新教、天主教及東政教翻譯名稱對照表，以及與《希伯來聖經》之比對。目前東正教尚未完成中譯本，此處為中華正教會暫用譯名。

| 猶太教 | 基督宗教舊約 | | |
|---|---|---|---|
| 希伯來聖經 | 新教和合本聖經 | 天主教思高聖經 | 東正教希臘文聖經 |
| 創世記 | 創世記 | 創世紀 | 起源之書 |
| 出埃及記 | 出埃及記 | 出谷紀 | 出離之書 |

| 利未記 | 利未記 | 肋未紀 | 勒維人之書 |
|---|---|---|---|
| 民數記 | 民數記 | 戶籍紀 | 民數之書 |
| 申命記 | 申命記 | 申命紀 | 第二法典之書 |
| 約書亞記 | 約書亞記 | 若穌厄書 | 納維之子伊穌斯傳 |
| 士師記 | 士師記 | 民長紀 | 眾審判者傳 |
| 路得記 | 路得記 | 盧德傳 | 如特傳 |
| 撒母耳記 | 撒母耳記上 | 撒慕爾紀上 | 眾王傳一 |
| | 撒母耳記下 | 撒慕爾紀下 | 眾王傳二 |
| 列王紀 | 列王紀上 | 列王紀上 | 眾王傳三 |
| | 列王紀下 | 列王紀下 | 眾王傳四 |
| 歷代志 | 歷代志上 | 編年紀上 | 史書補遺一（紀年書一） |
| | 歷代志下 | 編年紀下 | 史書補遺二（紀年書二） |

| 猶太教 | 基督宗教舊約 | | |
|---|---|---|---|
| 希伯來聖經 | 新教和合本聖經 | 天主教思高聖經 | 東正教希臘文聖經 |
| — | — | — | 艾斯德拉紀一 |
| 以斯拉記 | 以斯拉記 | 厄斯德拉上 | 艾斯德拉紀二 |
| 尼希米記 | 尼希米記 | 厄斯德拉下（乃赫米雅） | 奈俄彌亞紀 |
| — | （未收）多比傳 | 多俾亞傳 | 托維特傳 |
| — | （未收）猶滴傳 | 友弟德傳 | 虞狄特傳 |
| — | 以斯帖記 | 艾斯德爾傳 | 艾斯提爾傳 |
| — | （未收）馬加比一書 | 瑪加伯上 | 瑪喀維傳一 |
| — | （未收）馬加比二書 | 瑪加伯下 | 瑪喀維傳二 |
| — | — | — | 瑪喀維傳三 |
| 詩篇 | 詩篇 | 聖詠集 | 聖詠集 |

| | | | |
|---|---|---|---|
| 約伯記 | 約伯記 | 約伯傳 | 約弗傳 |
| 箴言 | 箴言 | 箴言 | 索洛蒙箴言 |
| 傳道書 | 傳道書 | 訓道篇 | 訓道篇 |
| 雅歌 | 雅歌 | 雅歌 | 歌中之歌 |
| — | （未收）所羅門智訓 | 智慧篇 | 索洛蒙的智慧書 |
| — | （未收）便西拉智訓 | 德訓篇 | 希拉赫的智慧書 |
| 十二先知書 | 何西阿書 | 歐瑟亞 | 奧西埃書 |
| | 阿摩司書 | 亞毛斯 | 阿摩斯書 |
| | 彌迦書 | 米該亞 | 彌亥亞書 |
| | 約珥書 | 岳厄爾 | 約伊爾書 |
| | 俄巴底亞書 | 亞北底亞 | 奧弗狄亞書 |
| | 約拿書 | 約納 | 約納書 |

| 猶太教 | 基督宗教舊約 | | |
| --- | --- | --- | --- |
| 希伯來聖經 | 新教和合本聖經 | 天主教思高聖經 | 東正教希臘文聖經 |
| 十二先知書 | 那鴻書 | 納鴻 | 納翁書 |
| | 哈巴谷書 | 哈巴谷 | 盎瓦庫穆書 |
| | 西番雅書 | 索福尼亞 | 索佛尼亞書 |
| | 哈該書 | 哈蓋 | 盎蓋書 |
| | 撒迦利亞書 | 匝加利亞 | 匝哈里亞書 |
| | 瑪拉基書 | 瑪拉基亞 | 瑪拉希亞書 |
| 以賽亞書 | 以賽亞書 | 依撒意亞 | 伊撒依亞書 |
| 耶利米書 | 耶利米書 | 耶肋米亞 | 耶熱彌亞書 |
| — | （未收）巴錄書 | 巴路克書 | 瓦如赫書 |
| 耶利米哀歌 | 耶利米哀歌 | 哀歌 | 耶熱彌亞之哀歌 |

| — | — | 巴路克書 | 耶熱彌亞之書信 |
|---|---|---|---|
| 以西結書 | 以西結書 | 厄則克耳 | 耶則基伊爾書 |
| 但以理書 | 但以理書 | 達尼爾 | 達尼伊爾書 |
| — | — | — | 瑪喀維傳四（附錄） |

| 基督宗教新約 | | |
|---|---|---|
| 新教和合本聖經 | 天主教思高聖經 | 東正教希臘文聖經 |
| 馬太福音 | 瑪竇福音 | 聖福音依瑪特泰所傳者 |
| 馬可福音 | 瑪爾谷福音 | 聖福音依瑪爾克所傳者 |
| 路加福音 | 路加福音 | 聖福音依路喀所傳者 |
| 約翰福音 | 若望福音 | 聖福音依約安所傳者 |
| 使徒行傳 | 宗徒大事錄 | 使徒行實 |
| 羅馬書 | 羅馬書 | 致羅馬人書 |
| 哥林多前書 | 格林多前書 | 致科林托人書一 |
| 哥林多後書 | 格林多後書 | 致科林托人書二 |
| 加拉太書 | 迦拉達書 | 致噶拉塔人書 |
| 以弗所書 | 厄弗所書 | 致艾弗所人書 |

| 腓立比書 | 斐理伯書 | 致斐利彼人書 |
|---|---|---|
| 歌羅西書 | 哥羅森書 | 致科羅西人書 |
| 帖撒羅尼迦前書 | 得撒洛尼前書 | 致德撒洛尼基人書一 |
| 帖撒羅尼迦後書 | 得撒洛尼後書 | 致德撒洛尼基人書二 |
| 提摩太前書 | 弟茂德前書 | 致提摩泰書一 |
| 提摩泰後書 | 弟茂德後書 | 致提摩泰書二 |
| 提多書 | 弟鐸書 | 致提托書 |
| 腓利門書 | 費肋孟書 | 致斐利蒙書 |
| 希伯來書 | 希伯來書 | 致希伯來人書 |
| 雅各書 | 雅各伯書 | 雅科弗書信 |
| 彼得前書 | 伯多祿前書 | 裴特若書信一 |
| 彼得後書 | 伯多祿後書 | 裴特若書信二 |

| 基督宗教新約 | | |
|---|---|---|
| 新教和合本聖經 | 天主教思高聖經 | 東正教希臘文聖經 |
| 約翰一書 | 若望一書 | 約安書信一 |
| 約翰二書 | 若望二書 | 約安書信二 |
| 約翰三書 | 若望三書 | 約安書信三 |
| 猶大書 | 猶達書 | 儒達書信 |
| 啟示錄 | 若望默示錄 | 約安之啟示錄 |

# 中法對照及索引（含各教派譯名對照）

## 地名與組織

### 二畫



### 三畫



### 四畫

## 七畫



## 八畫

## 九畫



## 十畫

**十四畫**



**十五畫**



**十六畫**

## 人名

### 三畫



### 五畫

**六畫**

## 七畫

## 八畫

## 九畫

## 十畫

## 十一畫



## 十二畫

## 十三畫

## 十四畫

## 十五畫



## 十六畫

## 文獻&作品

**三畫**



**四畫**

## 五畫

## 六畫

## 七畫

## 八畫



## 九畫

## 十畫



## 十一畫

**十二畫**



**十三畫**

## 十四畫



## 十五畫

### 十九畫



## 其他

### 二畫



### 三畫

## 四畫



## 六畫

**七畫**



**八畫**

## 九畫



## 十畫

## 十一畫



## 十二畫

### 十三畫

## 十四畫



## 十五畫



## 十六畫